D1491611

LES GRANDES VOYANCES DE L'HISTOIRE

DE L'HISTOIRE

LEUR VRAI DESTIN

YAGUEL DIDIER

LES GRANDES VOYANCES DE L'HISTOIRE

LEUR VRAI DESTIN

Préface de Michel de Grèce

FRANCE LOISIRS
123, boulevard de Grenelle, Paris

Édition du Club France Loisirs, Paris,
réalisée avec l'autorisation de la Librairie Plon.

Le Code de la propriété intellectuelle n'autorisant, aux termes des paragraphes **2 et 3** de l'article L. 122-5, d'une part, que les « copies ou reproductions strictement réservées à l'usage privé du copiste et non destinées à une utilisation collective » et, d'autre part, sous réserve du nom de l'auteur et de la source, que les « analyses et les courtes citations justifiées par le caractère critique, polémique, pédagogique, scientifi-que ou d'information », toute représentation ou reproduction intégrale ou partielle, faite sans le consentement de l'auteur ou de ses ayants droit ou ayants cause, est illicite (article L. 122-4). Cette représentation ou reproduction, par quelque procédé que ce soit, constituerait donc une contrefaçon sanctionnée par les articles L. 335-2 et suivants du Code de la propriété intellectuelle.

© 1993 Librairie Plon.
ISBN 2-7242-7982-4

Que tous ceux de mes amis et relations qui ont participé à l'élaboration, à la conception et à la réalisation de ce livre soient vivement remerciés, et plus particulièrement : Michel de Grèce, Patrick de Bourgues, mon mari, Alix de Saint-André (Elle), *Josette Alia* (Le Nouvel Observateur), *Rémy Chauvin, Stéphane Prince.*

Yaguel Didier.

A la mémoire de Gabrielle d'A.

Pour Patrick et Benjamin.

Préface

« Au fond, ma chère Yaguel, l'avenir est par trop ennuyeux et lugubre. Pourquoi ne pas faire volte-face et nous plonger dans le passé pour tâcher de le percer ? »

Il y a cinq ou six ans, je tentais de lui expliquer mon point de vue : le passé, bien que, par définition, figé, bouge sans cesse à coups de découvertes, de théories. Ses mystères sont bien mieux cernables que ceux de l'avenir, par nature flous, et de surcroît ils restent encore plus insondables. Yaguel accepta aussitôt ma proposition avec l'enthousiasme qui la caractérise quand il s'agit de son « métier » et des expériences inédites auxquelles il invite. C'est ainsi qu'un soir je lui tendis sous enveloppe scellée des photographies concernant le sujet dont je souhaitais qu'elle nous entretînt. Elle prit l'enveloppe de mes mains, la palpa quelques instants et tout de suite démarra : « Je vois... » Combien de temps parla-t-elle ? Une demi-heure, une heure, trois heures. Je ne saurais le dire. Je sais seulement que nous nous couchâmes tous très tard, épuisés, émerveillés. Nuit après nuit, nous récidivâmes. Nuit après nuit, les voiles de plus en plus épais se soulevaient et nous revivions des amours, des intrigues, des crimes, des événements historiques ou tout simplement la vie quotidienne d'il y a plusieurs siècles. Certaines de ces énigmes sont publiées dans ce volume. D'autres, nombreuses, sont restées dans nos tiroirs, par discrétion. Mais peut-être un jour en sortiront-elles.

La simplicité, le naturel qui entourent les voyances de Yaguel sont les qualités qui m'ont toujours le plus convaincu dans son « travail ». Point de décors, d'appareils, de ton impressionnant. Au contraire. Il est permis de l'interrompre, de l'interroger, de la plaisanter même. Et lors des « entractes » qu'elle demande pour reprendre son souffle et son énergie, les participants dialoguent avec elle le plus librement du monde. Il lui faut simplement une lumière tamisée, le calme, le silence.

Yaguel possède la vertu indispensable pour bien exercer son art : l'humilité. Il lui arrive de ne pas voir. Loin de s'en cacher, elle l'avoue. Quatre fois, ces dernières années, nous avons abordé le mystère de l'île de Pâques. Quatre fois elle a buté sur le sujet.

D'autres séances ont été étourdissantes. Un ami ayant prié Yaguel d'éclairer le mystère entourant le suicide de ses grands-parents, Yaguel brossa de la nuit une tragique description qui nous fit frissonner. Nous vîmes, nous entendîmes l'assassin approcher de la maison, pénétrer par effraction, monter à pas de loup, commettre le double meurtre, puis le maquiller en suicide. Nous étions spectateurs partout à la fois, dans la pièce, dans la peau de l'assassin, dans celle des victimes. Nous sommes sortis de là hagards, alors que Yaguel, fraîche et souriante, demandait : « Alors, comment était-ce ? »

Les heures du soir, parce qu'elles engendrent l'harmonie, sont propices à nos séances. Quant au lieu, ce peut être n'importe où. Nous avons travaillé dans un appartement new-yorkais, dans une villa en Toscane, dans une bastide en Grèce ou dans des résidences parisiennes.

Yaguel peut avoir des sentiments personnels envers ses sujets. Elle a toujours éprouvé une certaine animosité envers l'archiduc Rodolphe, héros de Mayerling. En revanche, elle s'était prise d'une grande sympathie pour le pharaon Khéops qu'elle décrivit d'une façon si précise et vivante que nous eûmes l'impression de le voir bouger, marcher, donner des ordres. Tantôt la séance évolue avec sérénité, Yaguel déroule le passé aussi régulièrement qu'un fax. Tantôt le drame qu'elle évoque s'empare d'elle. Elle passe de la troisième personne à la première, elle vit l'horreur éprouvée par le défunt qu'elle capte. Lors d'une des séances sur Anastasia, elle nous transporta littéralement dans le sous-sol où eut lieu le massacre de la famille impériale russe à Ekaterinenbourg. Il lui faut toute son expérience pour garder en plein paroxysme le contrôle d'elle-même.

Parfois se produisent des interférences. Des personnages connus de l'Histoire viennent se mêler à la conversation sans y être invités. Des visions surgissent en Yaguel sans qu'elle les ait sollicitées. Certaines interférences sont liées au sujet. Lors de la séance consacrée à la « pierre de destinée » placée sous le trône d'Angleterre, Yaguel partit dans une stupéfiante voyance sur l'avenir de la monarchie britannique.

Parfois elle s'interrompt pour lancer quelques prédictions extraordinaires de précision à l'un des participants. Nostradamus se manifesta dans une

séance mémorable sans que nous nous y attendions.
Il nous gronda en français du XVIᵉ siècle parce que
nous en disions trop : le paradoxe apparent de la
voyance exige que plus on en sait, moins on en dise.
Difficulté dont se tire parfaitement Yaguel, qui, loin
d'abuser de son don, reste à son service.

Certains croiront peut-être qu'elle et moi avons
tout inventé et que même les séances n'ont pas eu
lieu. D'autres attribueront ses vaticinations à son
imagination. En tout cas, son honnêteté ne se discute
pas.

On peut aussi soupçonner la transmission de pensée. Je possédais en effet quelques connaissances
sur les sujets que nous avions abordés ensemble.
Cependant, ce qu'elle voyait venait souvent à l'encontre de mes théories. Yaguel les contredisait ou même
les détruisait.

Quelque conclusion qu'on tire de ces séances,
Yaguel en se penchant sur le passé bouscule l'Histoire, qui en a toujours besoin. Elle ouvre indiscuta-
blement des perspectives nouvelles. Elle élargit les
horizons, elle donne à réfléchir. Enfin elle m'a laissé
des images inoubliables, des souvenirs prodigieux
que j'espère voir partagés grâce à la publication de
ces expériences.

MICHEL DE GRÈCE.

Introduction

> « Où les historiens s'arrêtent ne sachant plus rien, les poètes apparaissent et devinent. Ils voient encore quand les historiens ne voient plus. C'est l'imagination des poètes qui perce l'épaisseur de la tapisserie historique ou la retourne pour regarder ce qui est derrière. »
>
> BARBEY D'AUREVILLY.

Mon métier est d'aider mes semblables à percer le mystère de leur vie passée et future. Exercice passionnant et difficile ; redoutable responsabilité. Au point que, parfois, devant l'attente anxieuse de celles et ceux qui me consultent, j'éprouve le besoin de me ressourcer dans le jardin secret de mon art.

A côté du monde des vivants, ployant sous les problèmes, aux horizons parfois limités, le vivier de l'Histoire offre le registre infini des grands destins du passé, ces existences flamboyantes ou tragiques, dont nos contemporains ont perdu le secret.

De ces morts inscrits au panthéon de l'humanité, je ne risque pas, par définition, d'influencer le destin. Avec eux, ma liberté de voir et de dire est entière. Et ces moments passés en si illustre compagnie sont comme une récréation de l'âme, un plaisir sans mélange, où la pratique divinatoire trouve sa quintessence.

Ici, l'Histoire, avant moi, a tranché, et le destin prononcé son verdict. L'imaginaire, ici, n'a nulle part, l'avenir n'existe pas. Quand on me soumet sous pli scellé le portrait de quelque personnage des temps jadis, je vois juste ou je vois faux, je dis vrai ou je m'égare. Mes dires sont soumis à une preuve qui, de longtemps, les précède, à des faits attestés qui les vérifient ou les démentent.

Ces voyances, dont le plaisir est fort comme un parfum, se parent d'un risque sans appel qui redouble mon excitation, augmente mon angoisse, aiguise mes sens et mes antennes, me trouble plus que toute chose.

Et puis, face à l'enveloppe muette, au défi du mystère, je me jette à la recherche du temps. Cela commence par une première, timide image. Elle en entraîne d'autres, sœurs jumelles ou cousines lointaines, et leur ronde se forme et ne me lâche plus. C'est comme une marée, l'onde monte et reflue. Je repasse par des mots déjà dits, des portes déjà ouvertes, je traverse les miroirs telle Alice au pays des merveilles, et mon esprit — oserais-je dire mon âme ? — se dilate dans l'espace et le temps, ensemble revisités.

Le contact se fait, le rendez-vous se dessine, auquel le personnage convié par mes amis à jouer avec moi ce duo de l'ombre et de la lumière s'invite peu à peu. Il sort des limbes, vient à ma rencontre, s'efface, revient, s'enhardit devant mes approches, et finit, intrigué, peut-être séduit, par m'accorder sa confiance et parfois son amitié.

Certains, que nul n'était venu solliciter outre-tombe depuis tant de lustres, s'accrochent à moi comme à une chance inespérée de revivre dans nos ingrates mémoires, ces oublieuses. Ils ne demandent qu'à me confier leur vrai destin, qu'à me dire combien l'existence fut dure et injuste avec eux, et l'Histoire plus encore avec leur souvenir. A travers les fils que, patiemment, je tisse, apparaissent sur la toile une ombre, une silhouette, une époque, un événement, un drame. Des vies s'agitent ou complotent alentour, des voix dictent un ordre, parlent d'un amour, affirment un fait, confirment une vérité, ouvrent une piste, agréent une hypothèse à moi ou protestent contre la machination de la postérité et l'image-camisole qui leur colle à la peau.

Ces malheureux, ces oubliés, ces rebelles, ces incompris, ces mal-aimés finissent très vite par m'envahir, me squatter sans façon. Revivant leur propre histoire, ils m'offrent preuve sur preuve de la limpidité de leur cœur, de la véracité de leurs dires, ou m'indiquent, faute d'archives dans l'au-delà, où les trouver sur terre. Emportés par l'élan, redoutant la seconde où je découvrirai qui ils sont et les abandonnerai de nouveau au passé, ils avouent ce qu'ils n'avaient jamais confié ou pu dire de leur vivant, règlent enfin leurs comptes, dénoncent les coupables, les imposteurs, les faux amis, rêvent de leurs amours mortes.

D'intruse, je deviens Sésame, de voyeuse, je deviens complice.

Oh, nous ne sommes pas dupes, eux et moi ! Je les découvre, ils m'utilisent. Je les viole, ils me vampirisent. Le jeu est égal, la partie ouverte.

Quelquefois, ils en ont tant sur le cœur que leur tristesse, leur désespoir se déversent en moi, me prennent à mon tour et que ma tête chavire. Un sanglot monte, les larmes me viennent aux yeux, un rire irrépressible m'empêche de parler. Il est inutile de résister, je suis traversée, balayée par une violente spirale, qui, s'évanouissant aussi vite qu'elle est venue, me laisse hébétée mais aussi éblouie.

Merci à ces visiteurs d'un soir qui m'ont fait la grâce de leur passage. Ils ne m'ont pas tout dit ; je n'ai pas tout vu. Une vie, un destin n'épuisent jamais l'énigme qu'ils nous lèguent. Ils gardent une dernière part de leur mystère, comme pour nous donner, demain, un jour, envie, qui sait ?, d'y retourner.

Révélation faite, énigme percée, le duo s'achève. Mes visiteurs visités regagnent, à regret, soulagés, leur demeure dans l'Histoire. Je renoue avec l'instant présent, je remercie les visages amis qui m'ont accompagnée et veillée dans ma balade outre-temps.

Ce jeu — car ce doit être un jeu et non une folie, une dérive mentale ou une incantation mystique — est soumis toutefois à des règles strictes et borné à des territoires implicites.

Il y a d'abord le respect dû à la mémoire des morts et à la paix des âmes. Il y a ensuite le pardon de l'Histoire et le baume du temps.

Et puis surtout, il y a la part du sacré, tant la part des hommes n'est pas la part des dieux.

Avec les hommes et les femmes, la partie est égale. Je les cherche, je les trouve ou les manque, les découvre, les éclaire ou m'aveugle.

Quand j'aborde, en revanche, aux portes du Temple où sont les dieux, dans les lieux où ils ont élu demeure et où les hommes ont bâti l'autel de leur invisible présence, quand j'approche de ces lieux qui n'appartiennent qu'aux vrais maîtres du monde, si l'audace me vient, ou l'inconscience, de me mesurer au chiffre secret de la Parole divine, à l'ordre de la Loi et de la Volonté divines, alors tout de suite résonne en moi l'interdit.

Révéler les secrets du cœur humain, résoudre les énigmes du passé les mieux scellées, tel est l'art à la charge du voyant. Mais qui serait assez présomptueux ou fou pour entreprendre, fort de son don, d'explorer le principe du divin, le paierait bientôt d'une déraison sans retour.

Restons-en donc aux affaires humaines et pénétrons ces grands, ces étonnants destins qui fleurissent dans l'Histoire.

Que mes lecteurs prennent ces voyances vagabondes pour des rêves éveillés dans le labyrinthe de la vérité. Et que les historiens me pardonnent ces errances dans leur science à laquelle, humblement, j'espère ici avoir apporté mes étranges lumières.

YAGUEL DIDIER.

Note de l'Éditeur

Chaque sujet est précédé d'une brève introduction pour indiquer en quoi, à ce jour, il demeure obscur aux historiens.

Suit la voyance de Yaguel Didier. Des précisions en italique donnent au lecteur le nom des personnages évoqués, éclairent certaines dates, confirment tel détail décrit au cours de la voyance.

Un commentaire en fin de voyance fait la synthèse des révélations de Yaguel Didier sur le plan historique.

La présente édition regroupe vingt et une voyances qui vont de notre premier ancêtre Lucy à John Kennedy. Dix d'entre elles figuraient dans *Leur vrai destin* (Lattès, 1985), ouvrage aujourd'hui épuisé.

Lucy, notre premier ancêtre

1974, en Ethiopie, sur le site d'Hadar, près de la rivière Aouache, une équipe franco-américaine de paléontologues découvrait 52 fragments d'un même squelette, qu'elle data de trois millions d'années.

L'endroit où s'effectua la sensationnelle trouvaille était précisément celui où la Genèse situe les origines de l'humanité. La paléontologie mondiale en allait être bouleversée.

Aussitôt, d'éminents paléontologues et spécialistes des primates hominidés se disputèrent les ossements de celle qu'ils baptisèrent Lucy, du nom d'un succès des Beatles de l'époque : *Lucy in the sky with diamonds* (L.S.D... !). L'équipe d'Yves Coppens fut bientôt en mesure de fournir les précisions que le monde attendait. Lucy pouvait avoir une vingtaine d'années, mesurer 1,10 mètre et peser 30 kilos environ. Sa peau devait être très foncée, étant donné son origine intertropicale. Elle avait de longues mains mais n'aurait pu faire de gestes aussi précis que les nôtres. Sa dentition se rapproche de la nôtre, bien que ses molaires broyeuses soient plus massives. Elle grimpait aux arbres, ce qui l'apparente au singe. Elle avait de trop courtes jambes pour accomplir des marches identiques aux nôtres...

Déjà sexy, cette première Eve de l'humanité est cependant en droit de bénir le destin qui la fit évoluer jusqu'à nos modernes beautés.

On soumet à Yaguel Didier une photo des ossements de Lucy, sous enveloppe scellée.

Yaguel Didier : Peut-on dire qu'il s'agit de quelqu'un de très malade ou de très maigre ?

— De très maigre, oui.

Yaguel Didier : Sa maigreur me gêne. J'ai un malaise, tant je la trouve maigre. Cela me donne mal au cœur. C'est vieux, c'est très très vieux. J'ai l'impression de quelque chose de décharné, de tellement maigre que j'en ai des nausées. C'est quelqu'un de très osseux, maigre, comme après une maladie, presque « un sac d'os ». Je ne sais pas si elle est malade, mais elle est très, très maigre ! Je vois de grands yeux comme des trous noirs. Spéciale, votre histoire ! Je vois des gens qui se penchent sur cette personne, portant des sortes de masques. Il y a deux histoires : d'un côté, quelqu'un est très maigre, un sac d'os. Et puis de l'autre côté, des gens se penchent, grattent. Ce quelqu'un est malade ?

— Non, pas du tout.

Yaguel Didier : Je suis perturbée, tant j'ai l'impression d'os, de médecins penchés. Mon malaise vient de ce que je sens quelque chose qui n'a pas de vie, et en même temps... Je vois des gens, comme des médecins, gratter ou analyser. L'autre jour, j'avais Freud qui me disait : « Ma petite, avec moi, tu peux te lever de bonne heure ! » Cette fois, on dirait un singe qui se moque de moi. C'est très étrange, c'est une personnalité multiple, comme si elle accumulait les âges ou les ans. Ce personnage est mêlé à une incertitude, à une angoisse, à de l'incertain. Comme quelqu'un qui cacherait sa réalité, cacherait quelque chose. Il faut donc gratter, gratter, gratter. Hier, Freud. Là, ce quelqu'un me fait l'effet d'une guenon. Une guenon qui se moque de moi !

— Nous sommes d'accord là-dessus.

Yaguel Didier : Je vous jure que c'est « la nuit des morts-vivants » ! Je suis dans un truc bizarre, et en même temps on se moque de moi. J'ai l'impression qu'il y a des fantômes. Je vois des fantômes bouger, comme des squelettes. Je vous dis qu'il y a des fantômes, c'est un fantôme ! Je n'ai pas peur, mais elle est spéciale, votre personne. Je ne sais pas si c'est un homme ou une femme, mais en tout cas c'est quelqu'un qui plaisante, à tête de guenon. C'est la nuit des morts-vivants ! Je suis très mal, j'ai un sentiment de choses très présentes et tellement absentes, tellement loin. C'est *Nuit et Brouillard* ! Ce corps, on dirait une marionnette, comme dans les films d'horreur, trimbalée sur un fil. J'ai l'impression que je suis au musée de l'Homme et qu'on me montre un dinosaure. En même temps, quelqu'un rit. Je ne peux pas m'empêcher de voir sa tête. J'ai l'impression qu'il y a une de ces mâchoires ! On dirait quelqu'un qui mange avec ses mains ou ses doigts. Curieusement, je vois quelqu'un avec du ventre. Je n'ouvre pas mes yeux, tant je suis là-dedans. Ce n'est pas une femme enceinte, mais elle a une maladie des ovaires, ou des ovaires très gros. Cela me fait tellement rire, on dirait une guenon. Je peux dire une guenon ?

— Oui.

Yaguel Didier : On dirait qu'autour de cette personne, les gens ne sont pas d'accord. Des gens, d'un côté, disent « c'est ça », d'autres disent « non, c'est ça » (*on s'est disputé sur le sexe de Lucy. Et si Lucy était Lucien ?*). Je vois un homme à côté du personnage. Je vois quelqu'un, les yeux très bleus avec des cils blonds, le teint très clair, et un autre qui, lui, est typé. J'ai une impression de montagnes, de régions montagneuses arides. Je vois des arbres, je vois une aridité aussi. C'est très aride, ce n'est pas pollué. Je vois quelque chose qui vient de la terre ou sort de la terre, ou qui sort du minéral. Il y a quelque chose de très minéral. J'ai plusieurs images. C'est la nuit des morts-vivants ! Des squelettes ou des fantômes, des gens bizarres entre eux. Et puis d'un autre côté, je vois la médecine, ou la science, des gens fort sérieux, comme s'ils se penchaient sur la maladie de cette femme ou son problème. Je vois des centimètres ou des mètres, comme si on mesurait des os, le tibia, le crâne. On n'est pas d'accord. C'est étrange ce que je vais vous dire : on n'est pas d'accord sur la tête de cette femme. C'est une femme, mais il y a peut-être un homme aussi à côté, je ne sais pas. Mais en tout cas c'est une femme, on sait que c'est une femme — peut-être une petite fille. On mesure quelque chose. Je vois quelqu'un lui mettre des gouttes, comme si on lui mettait des gouttes dans les yeux ou dans des trous, dans son nez. Des gouttes bleues et des gouttes jaune-vert. Et on mesure. Je vois des feuilles de papier millimétré. On dirait qu'on

calcule quelque chose au millimètre près. J'ai une
impression de dessèchement, de quelque chose de
très déshydraté, quelque chose qui manque d'eau.
Une guenon ! — J'exagère, évidemment. Je dis une
guenon, parce que son visage est aplati, le nez est
plat ; je vois de grands yeux noirs, de grands trous,
des cernes. Je vois quelqu'un avec des yeux très
cernés, très noirs. J'ai plus l'impression d'être devant
une enfant qu'une femme, parce que la taille est
petite. C'est comme si quelqu'un s'était cassé les
membres, et qu'on recollait des membres. C'est
quelqu'un qui a été cassé quelque part. Je ne sais
pas si c'est un accident, mais ce quelqu'un a eu
quelque chose de cassé, en mille morceaux (*52*). La
tête, curieusement — je vois toujours des gens,
comme des chirurgiens. L'homme aux yeux bleus est
très malin, l'autre ne parle pas français. En même
temps je vois une montagne, j'ai une impression de
trous, de grottes, de quelque chose qui s'enfonce
dans la terre. C'est quelqu'un qui a une espèce
d'atrophie des membres. En tout cas, c'est quelqu'un
de très petit ou d'atrophié (*1,15 m*), qui néanmoins
voyage beaucoup, ou est lié aux voyages — au sens
symbolique. Ce n'est pas quelqu'un qui est français
ou vit en France. J'ai une impression de voyage et
d'au-delà. Je dirais que quelqu'un vit une espèce
de réincarnation. Plusieurs personnes se penchent
dessus (*une équipe franco-américaine, composée
d'Yves Coppens, Maurice Taïeb et Donald Johanson*).

— Oui.

Yaguel Didier : Cette personne n'est pas seule. J'ai
l'impression qu'il y a des choses autour, ou un
environnement ou des gens autour. Cette femme n'est
pas seule — enfin femme... j'ai plus l'impression
d'une enfant. Pourtant, c'est comme si c'était une
bonne grand-mère, comme si elle disait « mes petits »

(c'est une image, évidemment). C'est une sorte de vieille grand-mère charmante. C'est une grand-mère — mais une drôle de grand-mère quand même : une grand-mère qui serrerait les dents, dotée d'une mâchoire très bizarre et de grandes dents. Elle en a fait des petits, elle en a des descendants ! Elle est très charmante, mais elle garde un mystère, elle est infiniment mystérieuse. C'est comme si elle racontait une jolie histoire à ses petits-enfants, mais l'histoire est sans fin. C'est une fantastique grand-mère, qui raconte des contes de fées ou de vies extraordinaires. C'est étrange, je l'entends parler à ses petits-enfants — elle dit une chose très curieuse, elle leur parle avec un sourire très énigmatique. Elle leur raconte une histoire extraordinaire — c'est un sacré personnage ! Elle dit : « L'histoire est celle que vous avez faite et celle que vous ferez ! Mais l'histoire est encore à écrire... » En tout cas elle est morte, puisque je vois un fantôme, je la vois de l'« autre côté ». Elle sourit maintenant — je suis sûre que c'est un personnage historique, très vieux, parce que je la vois de l'autre côté. Elle dit une chose étrange à ses petits-enfants, ses descendants : « L'histoire est ce que vous voudrez bien en écrire. J'ai écrit la première page. À vous d'écrire les suivantes. » C'est très joli. Elle est très charmante. D'un côté, elle a envie qu'on sache qui elle est, et puis de l'autre côté... Il y a beaucoup de discussions autour de cette femme. A-t-elle des seins petits ? N'est-elle pas noire de peau ? Elle a une tête de négresse, elle a des seins qui tombent un peu, et desséchés. Elle dit : « Mon histoire est sans fin. Bien malin qui saura l'écrire et même la réécrire. » Elle est très attachante, je me sens pleine de respect pour cette femme. (*Yaguel Didier pleure*). C'est loin, loin. C'est noir, noir. C'est trop loin, j'ai du mal.

— Calmez-vous.

Yaguel Didier : Je suis trop loin. Elle est dans un trou, j'étouffe. Je n'en peux plus. J'étouffe. Je dois passer un trou. Je veux sortir. Laissez-moi respirer, je veux respirer. Je suis vieille. Je suis désolée, j'ai honte de moi.

— Continuez.

Yaguel Didier : Je me sens mal.

— Vous n'avez rien à craindre, vraiment. Le personnage est formidable et charmant, comme vous l'avez dit.

Yaguel Didier : Le cœur me fait mal.

— Vous voulez continuer ?

Yaguel Didier : Elle m'a dit qu'elle n'avait pas fini l'histoire...

— Nous n'avons pas envie de repartir si cela doit vous angoisser à ce point.

Yaguel Didier : Ne me dites plus rien, parce qu'elle ne veut pas que je parle. (*Plusieurs minutes de sanglots, entrecoupés de silence*). Cela a duré longtemps ?

— Vous n'avez plus voulu nous dire quoi que ce soit, et vous êtes entrée en transe.

Yaguel Didier : Cela a duré deux heures ?

— Non, pas du tout. Un petit quart d'heure.

Yaguel Didier : Je n'ai pas d'angoisse, mais vous ne vous rendez pas compte. J'étais complètement de l'autre côté...

— Vous voulez qu'on s'arrête ou que l'on continue ?

Yaguel Didier : Je ne suis plus mal, c'est fini. Cette femme a dit que toute l'histoire était en train d'être écrite. Je vois un grand livre avec une couverture en parchemin. Comme si elle écrivait son histoire ou qu'on l'écrivît pour elle ; une histoire éternelle ; et elle ne veut pas que celle-ci s'arrête. Elle est triste,

elle dit que c'est triste, que l'histoire est triste, que
c'est cruel, et que de toute façon elle aimerait qu'on
réécrive l'histoire, parce que l'histoire qui fut écrite
n'est pas jolie et que cette chose belle qu'est la vie a
été défigurée par les hommes. Elle a une histoire à
écrire, une histoire belle ! C'est tellement difficile à
dire parce qu'elle ne parle pas la même langue que
moi. Je ne comprends pas tout ce qu'elle dit parce
que sa voix, le son de sa voix vient du fond des âges.
Elle est très contente que les ans se soient couchés
sur elle, et qu'on s'occupe encore d'elle. Elle parle
comme cela, elle est très rieuse et très gaie, elle joue
avec ses mains. C'est quelqu'un de très habile de ses
mains. C'est étrange ce qu'elle dit : « Je suis Ève
éternelle », comme si elle était un symbole de fécondité et de féminité. « Je suis Ève éternelle. » Elle est
la fécondité. Elle est rieuse. Elle a des petits-enfants
très vilains, elle n'est pas contente d'eux. Elle n'est
pas contente parce que ses petits-enfants ne compren-
nent rien à rien. Elle n'est pas contente parce qu'ils
ne prennent pas le monde au sérieux, et qu'elle a
beau leur dire... Vous savez ce qu'elle reproche à ses
petits-enfants ? Elle leur reproche de ne pas croire
au divin, le divin qui est le Merveilleux. Elle dit :
« Vous ne croyez pas au divin, vous ne croyez pas
au Merveilleux, vous ne croyez plus aux miracles,
vous ne croyez plus à rien, et pourtant je suis issue
du Merveilleux. » Elle était heureuse, mais tout s'est
terminé tragiquement. Mais l'inquiétaient surtout ses
petits-enfants. Elle dit que pour ses petits-enfants,
c'est très triste, et pourtant que ce pourrait être
merveilleux. Je ne comprends pas. Elle est contente
et désespérée. Elle est contente d'avoir plein de
petits-enfants, mais désespérée parce qu'ils ne sont
pas bien. Pourquoi parle-t-elle du Merveilleux ? C'est
tellement loin qu'il faut passer des périodes infinies.

C'est comme si elle disait : « Je vais vous dire, mes enfants, comme j'ai souffert ! J'en ai vu des guerres ! » Elle dit quelque chose de très étrange : « Cette période-ci est la plus belle et la plus laide. Oui, c'est la plus belle et la plus laide. » Je vois plein de points de suspension, mais elle dit : « J'en ai connu d'autres bien pires. » Elle a vécu beaucoup de choses très difficiles. Elle dit qu'elle ne reconnaît plus les femmes, elle ne reconnaît plus ses sœurs. Elle dit « mes sœurs », et répète « mais je ne reconnais plus mes sœurs, ou mes petites-filles ! ». Que faisait-elle avec ses mains ? Est-elle habile de ses mains ? Cette femme est très artiste, ou très créative. Tout passe par ses mains. Elle a des pieds très particuliers, elle n'est pas grande, elle est étrange, elle fait des choses avec ses mains, elle aime la terre. Peut-on dire qu'elle aimait la terre ?

— Oui.

Yaguel Didier : Je vois la terre, je vois ses mains qui touchent, qui tripotent la terre. Etait-ce quelqu'un en contact avec la lune, les étoiles, le soleil ? Elle adore la nature, en tout cas. Je vois des arbres. Je vois de la pierre très dure. Est-elle entourée de pierres dures ? Du roc ?

— Oui. Lui voyez-vous un mari ?

Yaguel Didier : Oh, oui ! Je crois bien qu'elle a un mari.

Commentaire

Confrontée à notre première ancêtre, Yaguel Didier la reconnaît sans peine comme la Grand-Mère de l'humanité. Mais, prise de transe, comme habitée par Lucy elle-même, elle revit dans sa chair l'énorme déception de Lucy face au spectacle de son innombrable, turbulente descendance, ces milliards d'hommes et de femmes auxquels elle a donné la vie mais qui ont transformé le monde en champ clos de leurs passions aveugles et destructrices, en lieu et place de l'amour universel qui inspirait la première Eve terrestre.

L'Arche de Noé

« Yahvé vit que la méchanceté de l'homme était grande sur la terre et qu'il ne formait, en tout temps, que de mauvaises pensées dans son cœur. Et Jahvé se repentit d'avoir fait l'homme sur la terre et il s'affligea dans son cœur. Yahvé dit : "J'effacerai de la surface du sol les hommes... car je me repens de les avoir faits." »

Ainsi s'exprime la Bible du Centenaire. Un seul homme, toutefois, trouva grâce aux yeux du Créateur : Noé, qui, par sa vertu, méritait d'être sauvé du déluge universel. Yahvé lui prescrivit de construire un vaisseau gigantesque et d'y faire entrer sa famille : sa femme, ses trois fils — Sem, Cham et Japhet — ainsi que leurs propres femmes, plus sept couples d'animaux purs et deux d'animaux impurs.

Lorsque les eaux qui avaient inondé l'univers entier et détruit la race humaine commencèrent à s'écouler, Noé débarqua sur le mont Ararat, situé en Arménie.

Il s'y livra à l'agriculture et découvrit la vigne. Quand il but du vin pour la première fois, il s'enivra et s'endormit tout nu sous sa tente. Son fils Cham le surprit dans cet état et railla sa faiblesse. Furieux de cette attitude irrespectueuse, Noé le maudit et lui prédit que sa postérité serait l'esclave de celle de ses frères...

Noé mourut longtemps plus tard, âgé de neuf cent cinquante années. Ses enfants dispersés repeuplèrent la terre : Japhet l'Europe, Sem l'Asie, et Cham l'Afrique. Les enfants de ce dernier subirent la prédiction de leur aïeul. Et c'est ainsi que l'esclavage est, pour ainsi dire, confirmé et légitimé par la Bible, ainsi que par tous les livres sacrés de tous les peuples.

On soumet à Yaguel Didier une photo du mont Ararat, sous enveloppe scellée.

Yaguel Didier: Je vois quelque chose d'enfoui, de très profond, de souterrain, de sous-marin. Quelque chose d'anéanti, recouvert par le désert, la mer ou l'eau. Cela remonte à des millénaires. Impression d'une énorme surface, comme si c'était le désert ou l'eau. A propos de cette chose anéantie par le temps, un savoir ou une connaissance persistent, perdurent, d'une société ou d'une civilisation, de quelque chose d'extrêmement sophistiqué sur un plan intellectuel, scientifique et, étrangement, sur un plan militaire, guerrier... J'ai l'impression d'une guerre d'une très grande violence, comme si des gens avaient été obligés de se défendre, de se préserver. Et en même temps il ressort de tout cela une extraordinaire sagesse, une culture fabuleuse, une connaissance prodigieuse. Ce lieu par rapport à cette énigme comporte deux points stratégiques, deux endroits très particuliers, je dis bien deux points stratégiques.

Un point est dans la mer, l'autre sur terre. Impression d'eau, de rochers, de rocs, de sable. Mais quel savoir, quelle connaissance, quelle érudition, et quels guerriers !

Il y avait chez ces gens-là, dans toutes leurs démarches, dans tout ce qu'ils font... j'ai le sentiment de gens extraordinairement évolués sur un plan spirituel, métaphysique. Mais je le répète, quelque chose fut anéanti dont il reste des vestiges... C'étaient d'extraordinaires mathématiciens, des philosophes, mais vraiment d'une culture supérieurement développée. Ces gens savaient se protéger, se défendre, mais en même temps se seraient autodétruits. Je vois une civilisation sophistiquée, je vois aussi des personnages à la peau basanée, typés, au parler guttural, syncopé, très rythmé. La mer, l'eau entourent cet endroit, aujourd'hui aride. C'étaient des gens extrêmement superstitieux, très évolués mais très superstitieux. Mais ce sont avant tout des guerriers, des « soldats », je ne sais pas pourquoi... Les origines de ces peuples peuvent être très lointaines. Quelque chose vient d'Afrique, passe par le continent africain (*Cham*). J'interprète, mais il y a dans tout cela un côté gigantesque, presque anormal. Je vois des bateaux, la pêche, la mer, l'eau... et j'ai un sentiment de force, parce que mille choses viennent par mer, arrivent de la mer. Je vois deux tailles. C'est comme si je voyais des géants, des choses gigantesques et en même temps des hommes tout petits. Je me sens déséquilibrée ; d'un côté, je vois des choses énormes, gigantesques, de l'autre des hommes minuscules... Très bizarre, l'origine ; je voudrais comprendre... je ne voudrais pas mal interpréter... je vais me laisser aller, j'arrête un peu... Je suis fatiguée...

J'ai une impression d'aridité, de sécheresse, de quelque chose de lunaire et désertique, d'un paysage effrayant. Il y a la vie sans qu'il y ait la vie ; impression de lieu désertique, ou plutôt de lieu déserté. C'est sec et c'est étrangement vivant en même temps. Il y a là des choses qui témoignent... Beaucoup de choses se sont faites en ce lieu. Ce sont des millénaires et des millénaires ! Personne ne sait. On a effleuré, on a mis le doigt sur certains éléments mais pas complètement... Je vois des gens qui se réfugient là au départ, parce que c'est désertique, sauvage. Je vois une barque ou un bateau de belle taille, plusieurs bateaux, une flottille. Ils arrivent dans ce lieu, s'installent. Tous ne parlent pas la même langue, une langue gutturale... pas syncopée mais gutturale. Les races se mélangent, au moins deux sinon trois. On se retrouve là, et on doit se protéger. Des gens parmi cette colonie d'hommes, viennent — j'entends « de l'est ». Ils viennent de l'est — est-ce l'Orient par rapport au lieu lui-même ?... Ces gens avaient un sens, pas de l'architecture, mais des formes, des monuments... Des choses viennent par la mer, de gros troncs de bois, je vois des troncs flottant sur l'eau... et c'est comme si on les faisait pivoter. Quelque chose pivote. On dirait que chaque élément, chaque représentation correspond à quelque chose de très important, comme s'il y avait dans la représentation de cette chose-là, comment vous expliquer... comme si les personnes mêmes qui devaient s'occuper de cette représentation-là étaient... étaient chacune missionnées pour faire cette chose-là... Il y a une mission, que chacun doit accomplir et une espèce de totem, de représentation totémique mais... Cela va venir... j'arrête un peu...

Donc, je répète, chaque personne doit travailler à une œuvre, chacun est assigné à un rôle spécifique. Telle personne doit faire telle chose et pas une autre, selon une détermination et une sélection faites au départ... On dirait que tout ceci s'est construit, s'est fait sur trois siècles. Il y a eu un « siècle de lumière » où l'on a commencé les choses, et puis des événements ont fait qu'on a laissé cela de côté. On a pris les gens qui s'étaient intéressés à ce projet pour des fous. Il y a eu un siècle d'obscurantisme... Et puis on est revenu si je puis dire sur le projet, on a recommencé, mais en se trompant par rapport à l'idée initiale. Il y a eu une déviation, des erreurs. J'ai le sentiment d'une œuvre inachevée, pas vraiment inachevée mais, dans son dernier tiers, incomprise. Par rapport à ce qu'il reste et par rapport à l'œuvre initiale, la dernière partie, le dernier tiers, est... Par rapport à cette œuvre-là, deux interprétations sont possibles. J'ai l'impression qu'on peut monter, monter très haut et avoir une vision étrange des choses (*la découverte, par avion, de vestiges sur le mont Ararat*). Alors que si on est sur place... J'ai l'impression que plus on s'éloigne plus c'est évident, plus on est dedans, plus c'est obscur... Vous pouvez peut-être me poser des questions.

— Vous avez évoqué des vestiges...

Yaguel Didier : C'est bizarre, ces vestiges sont là et ne sont pas là. Comme si de l'eau, quelque chose de miroitant était au-dessus, comme s'il y avait de l'eau par-dessus tout cela, ou bien c'est le désert (*les glaciers du mont Ararat*). Tout est recouvert. J'ai l'impression de trésors enfouis, de sophistication hallucinante. Il y a deux endroits très particuliers où l'on peut, non pas juger, mais comprendre les choses.

— Ces vestiges ressemblent à quoi, une plaine, une montagne, des collines... ?

Yaguel Didier : Des millénaires et des millénaires ont recouvert ces étendues d'eau. Une partie est immergée et puis, en même temps, il y a des rochers, il y a du sable. C'est aride, c'est sec, il n'y a rien, il n'y a pas âme qui vive. J'ai un sentiment de puissance navale, de puissance guerrière, astronomique, de connaissance fabuleuse... Quelque chose bascule, comme si avec le temps les choses avaient basculé complètement. Peut-on dire que c'est très venteux, là ?

— Oui.

Yaguel Didier: Je vois des tourbillons de vent et j'ai le sentiment d'une dépression atmosphérique, d'une tempête, de tourbillons et de violence... Comme si les vents étaient contradictoires, et se concentraient en une cuvette. Et puis tout devient anarchique... se retrouve en un point de convergence, complètement anarchique...

— Pouvez-vous savoir ce que c'est ?

Yaguel Didier: J'ai un sentiment de connaissance et d'oubli total, de nécessité d'oubli parce qu'on dirait que là est la connaissance, là est le savoir, là est le Tout. Comme si là était le tout que nous avions perdu, comme si nous devions revenir à un point de départ, comme si nous avions à faire là à une civilisation hypersophistiquée. C'est comme si dans ces lieux il y avait toute la connaissance et que nous ne faisions que recommencer quelque chose qui existait déjà. Comme si ce lieu était le point de rencontre d'une fin et d'un recommencement. Que c'est violent, que c'est violent ! Mais c'est désertique, il n'y a rien, il n'y a pas âme qui vive, je me sens loin, loin du monde et c'est comme s'il y avait une dépression, une tempête...

— Et ces gens-là ont disparu ?

Yaguel Didier: Tout ceci se déroule sur cinq mille années (*telle est bien la date biblique*), on dirait que c'est un cycle de cinq mille ans. Ces gens ont un teint bizarre, blanc (*Japhet*), jaune (*Sem*), noir (*Cham*) transparent. Leur couleur de peau est bizarre, l'éclat de leurs yeux est bizarre, la forme des yeux est étrange, tout me paraît bizarre. Je pense à l'Afrique... je vais essayer de les voir : je vois de grands yeux globuleux, un côté un peu négroïde et très fin en même temps... Ces êtres portent aux doigts un métal, qui n'est pas de l'or, mais plutôt de l'argent ou du nickel, très lourd. Ces gens-là semblent experts dans la manipulation et le traitement des métaux. J'ai l'impression que nous reproduisons actuellement sur la planète un même schéma, et je vois le centre de la terre, le cœur de la terre, le cœur qui explose, se scinde et part comme un champignon atomique. Mais tout ceci se fait sur cinq mille ans ou plus. Les trois derniers siècles, dirait-on, ont été les plus tumultueux. Je vois des personnages qui agissent comme des robots. Ce ne sont plus des personnages humains. Comme si — c'est une image — ils avaient créé leur satellite... presque un centre atomique. Je vois des robots. Ce ne sont pas des robots, ce sont des êtres humains mais robotisés... Je vois des hommes de science, eux aussi robotisés, tout en blanc, des êtres petits, râblés, avec de gros yeux. C'est presque un monde de science-fiction, je cherchais le mot... C'est très angoissant. Quelque chose craque, j'ai l'impression d'une arche, d'une arche perdue, l'Arche de Noé...

— Vous avez trouvé, c'est l'Arche de Noé...

Commentaire

Dans son évocation de l'Arche, Yaguel Didier dessine progressivement sa représentation, restitue à grands traits l'idée même du déluge et le situe assez exactement il y a cinq mille ans — comme le prétend la Bible.

En 1872, un Anglais, George Smith, se passionnant pour les antiques civilisations d'Assyrie et de Chaldée, entreprit de déchiffrer une quantité de tablettes mises au jour sur le site de Ninive aux environs de 1850. Reconstituant patiemment les débris assyrobabyloniens, il parvint à un résultat remarquable : une de ces tablettes précieuses contenait le récit du déluge ! Ecrit en cunéiforme, le récit fut laborieusement déchiffré par ce chercheur féru de nouveaux hiéroglyphes. Ainsi, le récit de la Bible se trouvait conforté par un témoignage qui ne lui devait rien. La nouvelle souleva une émotion considérable dans le monde entier.

Après cette découverte, on s'avisa que de très nombreux textes de différentes origines énuméraient les rois de Babylone ayant régné avant et après ce déluge. En outre, les habitants de Palestine et de Mésopotamie conservaient dans leur mémoire collective le souvenir d'une effrayante inondation...

Cinquante ans plus tard, le docteur Woolley entreprit sur le site d'Ur, en Chaldée, des fouilles importantes. Il fut amené à découvrir diverses couches d'argile et de sédiments d'un mètre cinquante environ, ce qui supposait qu'un considérable volume d'eau pouvait bel et bien avoir englouti toute une civilisation. Bref, il s'agissait donc du déluge conté dans la légende sumérienne.

Quantité de recherches eurent lieu en Mésopotamie. En 1926, un aviateur russe survolant l'Ararat remarqua « sur la partie orientale de son sommet enneigé une tache bleuâtre » qui lui parut être un lac gelé. D'un bord émergeait « la carcasse d'un gigantesque navire... Le quart de l'épave était pris dans les glaces. De la partie à découvert, un des flancs était éventré ; l'autre était percé d'une grande porte apparemment à deux battants, mais dont l'un manquait ».

Par la suite, d'autres recherches restèrent infructueuses. Ce n'est qu'au mois d'août 1952 que l'expédition Fernand Navarra-Jean de Riquier entrevit l'épave sous les glaces. Navarra revint en juillet 1953 et parvint à filmer la silhouette fantomatique. Derechef, en 1955, il regrimpa au sommet, parmi les neiges éternelles, à 4 200 mètres. Après bien des difficultés pour attaquer la croûte de glace, l'eau apparut à l'extrémité d'une poutre noire. Le 6 juillet 1955, à sept heures du matin, Navarra coupa un morceau long d'un mètre cinquante, récupérant de la sorte « la plus ancienne épave du monde ».

L'analyse des experts confirma que l'âge de ce bois oscillait aux environs de cinq mille ans. Pour Navarra, la construction qu'il avait retrouvée ne pouvait être que l'Arche de Noé.

Akhenaton,
le pharaon hérétique

Akhenaton, le « pharaon hérétique » de la XVIIIe dynastie qui a régné dix-sept ans, est le fondateur de la première religion monothéiste de l'Histoire, puisque sous son règne il imposa le culte d'un dieu unique, le dieu-soleil Râ, nommé aussi Aton. Immédiatement après sa mort, le polythéisme fut rétabli et sa capitale Akhenaton (aujourd'hui Amarna) complètement détruite par les Ramessides.

Son histoire mal connue comporte des mystères non expliqués.

Deux photographies de bas-relief, l'une représentant Néfertiti et Akhenaton (British Museum) et l'autre la famille royale en adoration devant l'astre solaire, sont soumises à Yaguel Didier, sous une enveloppe scellée.

Yaguel Didier : Dans cette région, j'entends de l'eau qui coule. Les gens ont la peau basanée. Ils ont quelque chose à voir avec l'Afrique mais ne sont pas noirs. Le paysage est double, parfois très sec, parfois avec une végétation dense et touffue. Je vois des yeux qui me regardent. Ceux d'un homme assis très droit, qui lit un livre. Ce regard m'impressionne, il est très curieux, fascinant. J'entends : « Sagesse, la sagesse. » C'est un sage, un initié. C'est fou, ces yeux qui me regardent. On les dirait en émeraude. L'a-t-on représenté avec des pierres précieuses aux yeux ? Et de l'or, beaucoup d'or autour de lui. On le soigne, on lui masse les pieds. Je vois un grand R sur lui. Je mélange peut-être avec autre chose... Je vois A, à côté du R. Ces yeux qu'il a ! Tiens, je vois des chats. Y avait-il des chats à l'époque ? Etaient-ils importants ?

Il est malade, cet homme, comme rongé de l'intérieur. Il y a un mystère sur lui. On l'a marié jeune mais pas avec la femme qui lui était destinée. Il aime le blanc et l'or. Le bleu aussi, un vrai bleu. C'est curieux, sa femme est à la fois présente et absente... Elle est très gracile, de petits seins, très fine... Il l'aime mais la délaisse. Il préfère la compagnie des hommes. Ils sont deux jeunes gens très proches l'un de l'autre. Un frère peut-être ? Il y a des fêtes, des petites jeunes filles dansent, des robes plissées blanches, des flûtes. Je sens des parfums très fleuris... Le pays est riche. C'est en Egypte, non ? J'entends : « Des siècles pour bâtir ces pyramides. » Oui, c'est l'Egypte. Un pharaon sûrement. Ramsès ? Non, pas Ramsès. C'est un solitaire. Il se lève à l'aube, il marche lentement, un peu de côté, penché comme cela... (*elle s'incline vers la gauche*). Son visage est émacié, allongé vers le bas. Ses cheveux sont rasés curieusement. Il a sur le crâne quelque chose qu'on cache. Une déformation peut-être ? Dès la naissance il a un handicap, mais cela lui confère une certaine gloire. Son crâne, on dirait un œuf... Il a des poignets très fins, presque féminins, et des chevilles fines comme celles d'une femme. Il a des bracelets d'or en forme de serpent...

On dirait que sous son règne quelque chose d'important a radicalement changé. L'écriture ? Les arts ? La pensée ? Plutôt une sorte de culture... Il a marqué la fin et le début d'une époque. Il a amorcé... Après sa mort, tout a disparu. Cet homme est un visionnaire. Sous son règne ont été promulguées des lois nouvelles. Il a fait énormément pour les paysans, pour la terre. Il se nourrissait très frugalement, avec des sortes de graines. C'est un novateur extraordinaire.

Je vois aussi des poètes qui récitent... Une force s'oppose à moi, tout à coup. Pourquoi ? Ah ! il se croyait Dieu ! Ou non, il croyait en un seul dieu. Il a stoppé certaines pratiques mais il a aussi fait tuer. Le sang coule, des ruisseaux de sang. Il y a une croix bizarre, avec une boucle, cousue sur de grands draps... Oh ! il pouvait être terriblement mystique, je dirais fanatique ! J'entends : « Il en a tué beaucoup, beaucoup. » Il était à la fois haï et adulé.

Plus j'avance et plus je sens qu'il a été tué, empoisonné par quelqu'un proche de sa femme. Je la vois qui accourt. Elle le haïssait, à la fin. Auprès de lui se tient un homme, peut-être un médecin. Lui transpire beaucoup, il râle, il se tord de douleur. Quelque chose le brûle et le ronge. Il est attaqué probablement au foie. Le poison ? J'entends : « Comme si le poison avait été mis dans un fruit pour le tuer. » Il croque un beau fruit rouge qu'on lui tend. J'entends : « A partir de là commence une longue agonie. » On a caché le crime complètement. Un secret ne doit pas être révélé. On dirait qu'on trouve des traces de son tombeau dans deux endroits différents. L'a-t-on déplacé ? En tout cas, il y eut sous son règne une rupture profonde mais brève ; il est mort jeune, avant trente ans. On l'a tué parce qu'il gênait. Et ensuite... J'entends sa voix très rauque... Ensuite tout a été rasé, tout le paysage rasé...

Commentaire

Voici les points principaux sur lesquels la « science » de Yaguel Didier et celle des historiens se complètement admirablement, le savoir des seconds authentifiant au détail près la vision par Yaguel Didier du pharaon Akhenaton :

— Sa pathologie. Sa silhouette curieuse, d'apparence féminine (hanches, seins, ventre et cuisses adipeuses, jambes très minces), est partout représentée sur les fresques et les statues d'Amarna et de Karnak d'une manière réaliste, inhabituelle à l'époque. On pense qu'il avait un syndrome de Frœlich (tumeur de la glande pituitaire) qui peut provoquer une hydrocéphalie et une certaine impuissance sexuelle (sur l'une de ces statues, il est représenté nu, sans aucun organe sexuel). A-t-il cependant eu des enfants de la reine Néfertiti ? On en doute parfois à cause de l'ostentation avec laquelle il fait représenter sa vie familiale et de la désignation de ses six filles (« filles d'un pharaon », mais lequel ?). En revanche, une stèle non terminée à Amarna (musée de Berlin) semble prouver qu'il a eu des relations homosexuelles avec son régent Smenkerê, son jeune frère dit « aimé d'Akhenaton ».

— Sa mort. Aucun mémoire, récit ou commentaire de ce temps n'existe sur la fin de son règne (1378-1362) ou sur sa mort. On pense qu'il a eu deux tombes. L'une préparée par lui à Amarna semble avoir été abandonnée à la hâte. L'autre (n° 55 de la Vallée des Rois) a été profanée mais pas par des voleurs. On a soigneusement effacé toutes les traces de son nom, laissé l'or dans la tombe et enlevé une momie présumée être celle d'Akhenaton, qui n'a jamais été retrouvée.

— Sa femme. Il aurait dû épouser sa sœur, de sang royal, comme le voulait la coutume. Pour des raisons inconnues, il épouse Néfertiti, la fille du grand prêtre Ay. Celui-ci devint pharaon après la mort d'Akhenaton et celle de ses deux jeunes frères Smenkerê et Toutankhamon. Ay aurait-il pu tuer Akhenaton ? Cette thèse, très contestée, n'est pas prouvée. Après lui, le culte d'Aton est partout supprimé et les anciens dieux rétablis. On gratte son nom de tous les cartouches et il n'est plus évoqué dans les documents que par les mots : « Ce criminel ».

Apocalypse de saint Jean

Saint Jean l'Evangéliste est l'un des douze apôtres du Christ et son disciple bien-aimé.

Il naquit en l'an 5 de notre ère et mourut en 99. Frère de saint Jacques le Majeur et pêcheur comme lui, il raccommodait ses filets lorsque le Maître lui enjoignit de le suivre.

Il accompagna Jésus jusque devant ses juges.

Après la mort du Christ, il prit soin de sa mère, la Vierge Marie. Il fut le premier évêque de l'Eglise d'Ephèse et exerça son apostolat en Samarie, à Jérusalem et en Asie Mineure.

Arrêté, d'après la tradition, pendant la persécution de Domitien (95), conduit à Rome afin d'y subir son martyre, on le précipita dans une cuve d'huile bouillante. Mais il en sortit sain et sauf.

Exilé dans l'île de Patmos, une des Sporades, il lui vint des visions qu'il consigna dans son ouvrage canonique : *l'Apocalypse* (vers 96).

Il revint à Ephèse sous Nerva (96-98), le successeur de Domitien, et y composa un Evangile en grec et trois Epîtres qui nous sont restés sous son nom. Il mourut âgé de quatre-vingt-quatorze ans.

*On soumet à Yaguel Didier une photo, sous enve-
loppe scellée, de la grotte de Patmos où saint Jean se
retira.*

Yaguel Didier : C'est peut-être allégorique, mais je
vois des pièces très basses, des soubassements,
comme des caves, mais ce ne sont pas des caves. Ce
sont, oui, des soubassements, très peu hauts (*il
doit s'agir de grottes ou d'habitations troglodytes de
Patmos dans lesquelles l'apôtre s'était retiré du monde
pour y écrire son* Apocalypse). Quelqu'un circule seul,
solitaire. Il porte un vêtement long, qui traîne,
informe. Il a quelque chose de bizarre sur la tête. Ce
n'est pas un bonnet. Sont-ce des cheveux longs ?
Quelque chose pend, et le personnage avance très
lentement, fatigué. Il est vieux, non ? Fatigué, usé. Il
traîne les pieds. Ces soubassements peuvent être
aussi symboliques parce que je le vois errer tout
seul, comme si c'étaient les soubassements de sa
propre réflexion, avant qu'il ne crée ce qu'il a créé.
Il y a beaucoup de bois, il y a de la pierre. C'est dur.

J'ai la sensation qu'on a mis des siècles pour bâtir cela. C'est l'œuvre, dirais-je, de toute une vie.

L'œuvre. Je vois aussi de la pierre. Voyez-vous ce qu'est cette pierre dure ? Que peut-elle représenter ?

— Le lieu où cette œuvre a été, selon la légende, conçue et exécutée, est un endroit de pierre.

Yaguel Didier : Alors c'est cela. Mais c'est un espace immense. Et en même temps, curieusement, c'est comme s'il était découpé en morceaux. Tout ce qu'a dit cet auteur est-il vrai ?

— On ne sait pas.

Yaguel Didier : Je vous dis non, il y a plein de choses fausses. Tout ce qui est là ne vient pas, n'est pas né de l'auteur. Je peux vous dire que non. Des choses sont nées beaucoup plus tard, comme s'il y avait des copies, des redites.

— Plus tard ?

Yaguel Didier : Oui. L'œuvre d'origine est collective. Je suis sûre que l'homme n'est pas tout seul, même si ce personnage qui erre dans les soubassements est totalement seul et solitaire. Il est là, il avance, il a la tête en avant. Il a quelque chose sur la tête d'étrange comme s'il portait des cheveux longs. Une sorte de robe flotte autour de lui. Il est pieds nus. Il y a dans ce personnage quelque chose de sauvage, de dense. Je le vois avec un beau visage émacié. Il n'est pas jeune. Je suis troublée ; je vois des gens qui grouillent autour de lui, des gens jeunes courant de droite et de gauche, comme si c'était un lieu de passage ou de visite. Beaucoup de monde circule. Cet homme, cette solitude que je ressens, ce personnage qui n'est pas jeune. Je vois le squelette de quelque chose. Dans cet endroit, reste-t-il des choses, je veux dire des « œuvres » ?

— Oui.

Yaguel Didier: J'entends squelette au sens de restes. Qu'est-ce qu'il y a comme bruit !

— Plusieurs personnes, dites-vous, auraient participé à l'œuvre en question ?

Yaguel Didier: Je ne vois pas de toile.

— Non.

Yaguel Didier: Je ne vois pas de peintures, mais bien plutôt quelque chose d'énorme, d'important, comme si on mettait bout à bout des éléments. On dirait que l'élaboration de cette œuvre-là ou de ces choses-là obéit au départ à un rite initiatique.

— Des bouts racollés, dites-vous...

Yaguel Didier: Oui, morceau par morceau.

— Qui étaient ces gens qui faisaient ces morceaux ?

Yaguel Didier: Ne travaillait-on pas avec une pierre dure ou quelque chose du même genre à cette époque-là ? Je vois une main qui écrit, je vois des signes étranges, je dis des signes. J'ai le sentiment de quelque chose de mystique, de religieux, de messages et de lois. Il y a beaucoup d'écrits. Des choses sont orales, de tradition orale, et d'autres sont écrites. Des bouts manquent, comme si on avait rajouté des choses l'une à l'autre. Je n'ai pas le sentiment de quelque chose d'homogène, mais de très fragmenté et de rajouté. Il y a un côté presque religieux, presque incantatoire, comme s'il y avait un message derrière tout cela. J'ai raison d'aller dans cette direction mystique, religieuse ?

— Ô combien !

Yaguel Didier: Cela n'a rien à voir, je ne sais pas pourquoi, mais je pense à l'Arche de Noé. Quelque part, cela fait résonance. Je ne dis pas qu'il y a un rapport avec l'Arche, mais quelque chose chante à mon oreille et dans mon esprit. Ce personnage est presque un saint. C'est un saint homme. Je vois une table, un pupitre, de pierre ou de bois, je ne sais pas, mais très dur. Il y a de l'oral et de l'écrit en même temps. Ce personnage est totalement inspiré, traversé par des visions et des intuitions. Je vois un personnage en méditation, comme s'il recevait son inspiration du ciel.

Je vais le représenter symboliquement : je vois des candélabres, des grands chandeliers. Je vois une église ou un temple. Je vois un personnage en méditation, en prière, comme s'il avait une illumination. N'est-il pas question d'écrits ?

— Oui.

Yaguel Didier : Je suis partagée. Une partie de ces écrits est inspirée d'en haut, et en même temps ils viennent de quelque chose de plus ancien, d'une tradition orale, de choses dites, de civilisations en amont. Le personnage a le teint basané, foncé, des yeux également foncés et étirés, une bouche épaisse, un teint mat. Il a une barbe ou je ne sais quoi. Cela me fait aussi penser au mur des Lamentations, je vois des rabbins, des hommes d'Eglise. Il y a un mélange dans tout cela de tradition orale et de choses rajoutées. Je n'ai pas un sentiment d'homogénéité et d'authenticité parfaites. Je vois un symbole : c'est un magnifique joyau, une pierre extraordinaire, un sublime diamant ; quatre personnages en noir qui mettent un drap noir dessus, pas vraiment noir mais gris, sur ce joyau, comme s'ils voulaient en ternir l'éclat parce que c'est gênant, parce qu'il dérange, parce que c'est trop tôt. Bref, ils mettent ce drap gris par-dessus.

En fait, ces quatre personnages sont les sbires d'un groupe de gens qui ne veulent pas du bien à ce personnage, et le combattent.

— Vous avez dit que ce personnage reçoit une inspiration divine. Vous avez dit aussi qu'il transmet une tradition plus ancienne. Comment a-t-il eu accès à cette tradition plus ancienne ?

Yaguel Didier: Je vois un petit garçon qui se promène, de douze à quinze ans, et puis il passe à vingt-deux, vingt-trois ans. Il reçoit une vraie culture, alors qu'il vit dans un milieu très simple. Cet enfant, à peine né, on savait déjà, un peu comme au Tibet, qu'il était prédestiné. La famille, l'entourage, certaines personnes le savent. Il reçoit des messages, il est inspiré. Je le vois en méditation, je le vois en prière, presque en extase. Il reçoit des messages, le soir, la nuit. Je vois un personnage qui reste des nuits et des nuits entières en méditation, et qui écrit, qui écrit, qui écrit, un peu comme un voyant.

— Vous avez dit que ce sont des écrits. Mettons un livre. Pourquoi ce livre ? Dans quel but ? Quels destinataires ?

Yaguel Didier: Au départ, ce n'est pas du tout fait pour être un livre. Je vois un amoncellement de documents. De bouche à oreille, on sait que cet enfant est en méditation, qu'il dit des choses, parle d'une façon étrange. On sait que cet enfant, puis ce jeune homme, puis cet homme amasse et amasse des informations. La rumeur tourne autour de cet homme, et les partis politiques ou religieux de l'époque finissent par en recueillir l'écho ; la rumeur parvient jusqu'à eux. Ils s'en emparent parce qu'elle répond à l'air du temps ; elle vient au bon moment. La rumeur, tout d'un coup, prend de l'ampleur, une portée extraordinaire pour l'époque. Après, le personnage est pris dans un engrenage et ne peut plus reculer. Mais au départ, ce quelqu'un reçoit une illumination.

— Qui livre un message ? Dans quelle direction ? Pourquoi ? Dans quel but ?

Yaguel Didier: Il fait partie des élus.

— Il n'y a rien dans son entourage ? Ses amis, ses parents ?

Yaguel Didier : Je vous répète, une rumeur entoure cet homme. Cela se propage, la rumeur gonfle, gonfle ; l'enfant ou le jeune homme vit au sein d'un vaste entourage, ce n'est pas un petit garçon perdu dans la nature. Je lui vois un éducateur, un maître, quelqu'un qui l'éduque. Il est très entouré et très seul. Je vois une femme qui prend, au fil du temps, une importance folle, alors qu'en fait elle n'en a pas sur le moment. Je vois près de lui, en revanche, ce personnage d'un certain âge, une sorte de père. Je ne sais pas si c'est vraiment son père. Je vois ce père, cet éducateur. Il se promène avec une foule de gens autour de lui. Il a été très entouré, non ?

— Oui.

Yaguel Didier : Quelque chose me trouble. Il y a ce qui fut la réalité et ce qu'on croit. Je le vois marqué par un homme plus âgé, cet homme qui est comme un maître, comme un père, qui est quelqu'un d'extraordinaire. Comme s'il lui avait dit : « c'est toi » en le désignant.

Je vois quelqu'un d'inspiré. Mais au départ, il est choisi. C'est un élu. Le « vieux » lui dit : « Voilà, c'est toi. » Et il fut éduqué pour cela quelque part.

— Le « vieux » l'aurait découvert ?

Yaguel Didier : Tout à fait. Il sait que c'est lui.

— Vous parliez d'un groupe autour de lui.

Yaguel Didier : J'ai un sentiment d'amitié, et en même temps de grande déférence. Ils sont plus âgés, ou s'ils ont le même âge, ce personnage n'en est pas moins considéré comme intouchable. Quant aux écrits, je peux vous dire qu'on a rajouté des choses, qu'on a coupé des choses, qu'on a raboté, recoupé, je ne dis pas qu'il ne reste rien d'authentique, mais on a beaucoup, beaucoup tronqué. Au fil du temps d'abord, mais même au début, parce que des choses dérangeaient. Les textes devenaient gênants. Alors on a tronqué, coupé, rajouté en fonction des humeurs du temps, des besoins du moment.

— L'écrit contenait au départ une grande part d'inspiration ?

Yaguel Didier: Le personnage au départ est en méditation, reçoit des messages, mais purement d'inspiration divine, je ne peux pas mieux dire. C'était un voyant, qui avait accès à une mémoire plus ancienne.

— Ses écrits étaient de quelle nature ?

Yaguel Didier: Je sens un contenu mystique. C'étaient des paraboles.

— Peut-on explorer un peu plus le rôle de l'éducateur ?

Yaguel Didier: Ils sont plusieurs en fait. Je vois des personnages de noir vêtus, avec un côté très religieux, très mystique. Cette personne-là est totalement pure. J'ai un sentiment de pureté, de détachement, de quelqu'un de totalement inspiré. Autour de lui, c'est moins sincère. Plus dirigé. A la limite l'élève a dépassé les maîtres et leur a échappé. On tente de l'encadrer dans un système, mais il s'échappe. Est-ce quelqu'un qui, à un moment donné de sa vie, a opéré une cassure, une rupture avec son entourage ?

— On ne sait pas.

Yaguel Didier: Ce jeune personnage inspiré entouré de ses éducateurs se coule dans le moule, se laisse imposer certaines choses, et tout d'un coup, il casse tout, s'en va, et mène sa route. Je vois une rupture entre ceux qui le suivent et tous ceux qui le rejettent, qui le repoussent et qui décident de le combattre. Il est en effet devenu gênant, parce qu'il n'obéit plus. Ce n'était plus un jeune homme, mais un homme d'un certain âge. Je le vois même usé (*en 96, Jean l'Evangéliste a quatre-vingt-onze ans*). Je vous livre une image : je le vois au bord de la mer, je pense au désert, je vois une terre aride, sèche, et puis je vois la mer, je vois quelque chose de très paisible, de très doux, de très simple, et je vois des gens qui mangent des dattes avec les mains, en faisant de petites boulettes. Dans un pays proche, je vois des ors, je vois des richesses, de l'opulence, à la différence de là où il vit. Lui, c'est au contraire la simplicité, la pauvreté. Oui, à côté de lui règne l'opulence et les mœurs y sont débridées. Orgie d'un côté, chasteté de l'autre.

— A-t-il eu des relations privilégiées avec quelqu'un d'important ?

Yaguel Didier : Oui, je dirais même avec deux personnages importants. J'en vois deux. Il y avait cet homme, plus âgé, sorte de maître, de guide, de conseiller, l'homme « absolu », l'ami « absolu », et puis une femme. Je ne parle pas de rapports amoureux, mais d'une présence beaucoup plus diffuse. Elle est comme une mère, une *mater familias (rappelons qu'après la mort du Christ, Jean se chargera du soin de la Vierge Marie).*

Je reviens au départ. C'est quelqu'un de maigre, qui jeûne. Il ne mange, comme les juifs, que de la viande casher, une nourriture particulière. Je vois d'abord deux personnages. D'abord j'en vois un, puis deux autour de lui, ensuite j'en vois quatre. Je vois un grand P comme Paul ou Pierre, à moins que le P veuille dire autre chose. On tente de se servir de lui et de le dominer, mais il s'échappe et n'en fait qu'à sa tête, ce qui crée à travers l'entourage une perturbation ; les personnes qui sont proches de lui, les personnes autour de lui et les masses de gens derrière lui forment un clan occulte, un peu comme une société secrète. Ces gens dans l'ombre essaient d'agir et de se servir de lui. On rapporte à ce groupe de gens les paroles de ce personnage, paroles qui les perturbent. On a essayé de le tuer plusieurs fois, de le faire disparaître. Le personnage, à un moment donné, est allé très, très loin, comme si on l'avait envoyé en exil. Je le vois chassé, je vois des collines, des montagnes, et des montagnes, et des collines, et des vallées, je vois la mer, je vois l'eau, je vois le désert, des pèlerins le suivent. Mais, au départ, il est seul et abandonné, et au fur et à mesure de son cheminement, des disciples se groupent autour de lui, des gens s'accrochent à lui et l'aident. Il est parti avec une ou deux personnes, mais il n'en est pas moins seul. Son idée était de partir tout seul, mais d'autres l'ont suivi.

Peut-on dire que ce personnage s'est trouvé dans un pays en guerre ? Je vois des armées. S'est-il, à un moment donné, trouvé confronté à une armée ? Pas comme chef de guerre. Il a été trahi, abandonné même. En fait, je ne vois que désolation autour de lui. Je ne vois que des morts. A-t-on tué des gens devant lui ?

— Oui.

Yaguel Didier : On tue des gens devant lui. Sa famille a été tuée devant lui.

— C'est possible.

Yaguel Didier : Je vois des gens assassinés devant lui. Lui est toujours protégé, je ne sais pas pourquoi. En fait quelqu'un avant lui le protège. Je vois un personnage énorme (c'est une image allégorique et symbolique), immense, qui le protège. Lui paraît tout petit, tout frêle derrière. Le personnage dont on me parle paraît très clair, très lumineux, et l'autre devant est très sombre, énorme, puissant et sa puissance me paraît non seulement physique mais son pouvoir s'étend très loin. Je ne suis pas convaincue que ce soit la même famille, mais on dirait un rapport de père à fils, sans que ce soit vraiment le fils et le père. C'est un fils spirituel ! (*sont-ce le Christ et son Père ?*). Le personnage protecteur est très sombre, avec un côté cruel, et en même temps totalement protecteur, bénéfique, paternel. Qu'est-ce qu'il y a comme morts ! A-t-on coupé des têtes à l'époque ? Je vois des têtes coupées ! On tranche, on coupe des têtes, des mains, des bras, des jambes. J'ai l'impression de couperets innombrables. Ce personnage protecteur est très sombre. Cela me fatigue, j'arrête !

Commentaire

L'origine, l'authenticité de l'Apocalypse furent longtemps controversées.

Il fallut attendre le cinquième concile de Carthage, en 397, pour que l'œuvre, déjà admise par l'Eglise d'Occident, soit insérée dans le canon des Ecritures, le dernier des canons chrétiens.

Ce livre est divisé en vingt-deux chapitres et comporte, outre une courte introduction, sept visions plus ou moins liées entre elles et une conclusion.

On ne saurait mieux le définir que par l'expression « style de l'Apocalypse » qui signifie style métaphorique jusqu'à l'obscurité.

L'introduction prédit la fin du monde que lui, Jean, serviteur du Christ, a reçu l'ordre d'annoncer à ses frères, dont il partage les tribulations et l'espérance, les péripéties et auxquels il révèle les signes de la terrible catastrophe. Et c'est afin de consigner cette révélation qu'il s'est retiré dans l'île de Patmos.

Suivent alors dans le « ravissement » sept visions qui donnèrent libre cours aux interprétations contradictoires des factions religieuses. Les mystérieux oracles de ce livre étrange ont été commentés de multiples façons. Chaque génération a cherché à y reconnaître son propre temps. Ce livre a joué un grand rôle dans l'histoire de l'imaginaire humain. Obscur, lyrique, violemment imagé, l'Apocalypse est un livre unique, brillant spécimen d'un genre littéraire qui fit florès avant et après lui. De multiples « révélations », juives ou chrétiennes, abondèrent. Elles présentaient entre elles de troublantes analogies, visant à démontrer que la ressemblance des événements les rattachait à un plan divin permettant de supposer ce qui allait arriver.

Dans la parfaite tradition des commentateurs innombrables de l'Apocalypse, Yaguel Didier donne ici son approche personnelle de l'Evangéliste davantage que de son œuvre. Ses projections instantanées nous situent le personnage en pleine création de son fantastique récit. Une imagination fertile décrit et restitue le visionnaire illuminé dans le cadre austère où il vécut.

Jeanne d'Arc

Rien n'est, apparemment, plus lumineux que l'histoire de Jeanne d'Arc. On sait à peu près tout sur les deux ans où elle a bouleversé l'histoire de France (1429-1430) et beaucoup de choses sur son enfance... Et pourtant, à côté de la version officielle de sa vie, bien des faits demeurent mystérieux, à tout le moins, obscurs.

Son origine d'abord : est-elle vraiment la fille des d'Arc ? Sinon, qui pouvaient être ses parents ?

Son entrée sur la scène publique : comment « une bergère », qui prétendait avoir entendu des voix, eut-elle si rapidement accès à la Cour et au roi ?

« Le signe » : comment Jeanne d'Arc réussit-elle, en quelques instants, à convaincre un roi aussi sceptique que Charles VII ? Et de façon aussi spectaculaire...

Sa renommée : comment se fait-il que, dès son apparition publique, on en soit informé, non seulement en France, mais dans l'Europe entière ?

Son pouvoir : malgré ses dons et la protection du roi, comment cette « bergère » de dix-neuf ans réussit-elle d'emblée à commander l'armée royale et imposer sa volonté politique ?

La trahison : après le sacre du roi à Reims, la Cour l'abandonne. Pourquoi ? Quel but, quel idéal poursuivait-elle, dont elle n'a donné que de vagues et bizarres indications ? Il est presque certain qu'elle fut faite prisonnière à Compiègne grâce à une trahison. Qui en étaient les instigateurs et pourquoi ?

Le procès : si on lit attentivement les deux procès de Jeanne d'Arc — celui de condamnation et celui de réhabilitation —, on s'aperçoit que nombre de choses sont tronquées ou fausses. Les extravagances, les énormités, les étrangetés, les mystères y fourmillent. On a l'impression que le tout ne fut qu'une grossière comédie.

La survivance : comment la « fausse » Jeanne d'Arc, dite la Dame des Armoises, apparue six ans après le bûcher de Rouen, fut-elle reconnue par les frères d'Arc, et par tant de personnages éminents qui avaient pourtant connu la vraie ?

Les documents : le nombre de documents, de preuves concernant Jeanne d'Arc disparus est proprement stupéfiant. Comme si une volonté délibérée s'était acharnée à faire le vide et l'obscurité, pour donner naissance à sa légende (inventée déjà de son temps).

Sans nul doute, Jeanne d'Arc fut une inspirée de Dieu, une personnalité exceptionnelle, un génie militaire et politique, une figure plus grande que nature. Mais pourquoi son histoire est-elle à ce point entourée de mystère ? Un mystère qui, lorsqu'on le cerne, apparaît si épais qu'il décourage toute tentative de le percer.

On présente à Yaguel Didier un livre sur Jeanne d'Arc, sous enveloppe scellée.

Yaguel Didier : C'est une femme, mais c'est un homme aussi. Ou alors cette femme a eu une attitude extrêmement masculine dans la vie. Pas virile, mais masculine. Cette femme a agi comme un homme, a porté une armure, parce que je vois une armure sur la poitrine de cette femme. Elle était habillée comme un homme et a été mêlée à des faits de guerre. Exaltée, mystique, très engagée, au fond cette femme a servi d'alibi à une politique.

Elle a été poussée par quelqu'un d'autre, a servi quelqu'un d'autre, à son insu. On l'a mise en avant et on n'a pas hésité, après, à la rejeter comme une « malpropre », en la faisant passer pour folle.

C'est quelqu'un de très pieux, de très religieux, de très croyant, de très exalté, de mystique. C'est une femme, oui. Je vois autour d'elle, au début de sa vie, des poules, je vois des animaux. Je la vois dans une ferme. Elle aurait pu garder des chèvres ou des moutons... Avec un caractère très garçon, pas du tout féminine...

Elle a servi un roi. Mais, c'est curieux, elle a été lâchée, elle a été trahie, la pauvre... Elle a cru jusqu'au bout à sa mission. J'ai l'impression que même lorsqu'elle a su qu'elle était trahie, elle n'y a pas cru... Je vais vous dire quelque chose d'étrange : apparemment d'origine extrêmement modeste, elle est, en fait, issue d'une lignée noble. On a dit qu'elle était d'une famille paysanne, mais je n'y crois pas. Elle est fille de quelqu'un d'important. Et elle l'a su. Elle est la fille d'un noble ou d'un nobliau de province... pas nobliau, beaucoup plus important... Elle a servi un roi. On dirait que sa famille connaissait très bien ce roi...

Vous êtes sûr que c'était une femme ? Parce qu'elle ne se conduit pas comme une femme. C'était quelqu'un de totalement asexué et... d'érudit, qui a reçu une bonne éducation, mais a vécu à la campagne. Je vois quelque chose de très important pour elle entre ses huit et quatorze ans. Elle a reçu une éducation religieuse poussée et, probablement, durant son éducation religieuse, elle a été extrêmement orientée. Bonne éducation, bonne famille, bon milieu, mais je me demande... J'ai l'impression qu'elle n'était pas... qu'elle avait été adoptée, ou qu'elle a vécu comme si ses parents... Non. En fait, elle était la fille d'un noble, mise en nourrice chez de braves paysans, parce qu'on veut la cacher, parce qu'on ne veut pas dire qui elle est. Tel est, au départ, le destin, la vie de cette femme.

Elle a un côté complètement asexué, elle n'a pas de seins, ou très peu, elle n'est pas féminine, pas très jolie. Elle est fine... Non, elle n'est pas fine du tout ; on l'a peut-être montrée ainsi en images, mais elle n'était pas fine du tout, elle avait le visage boursouflé, un peu grêlé, et des boutons acnéiques. Ronde de joues, je la vois très « mec », très garçon manqué... très exaltée, et complètement engagée... Deux choses : d'abord, un ordre occulte. Comment appelle-t-on ces ordres comme les templiers ou les cisterciens ou les francs-maçons ? Elle est poussée par là... Cet « ordre » se sert d'elle. Des gens dans sa famille font partie de celui-ci, lequel touche le roi. On se sert d'elle, parce qu'elle a ce côté exalté.

Elle n'est pas jolie du tout, elle est très ingrate. Elle a les cheveux coupés court. Elle a de grosses fesses. Elle est un peu lourde. En armure, elle passe pour un homme.

Elle a été préparée pendant trois ans à sa véritable histoire.

Pendant trois ans elle a été, dirais-je, travaillée au corps. Et elle a servi les intérêts d'un groupe occulte, des gens qui ne pouvaient pas agir à découvert.

Il y a quelqu'un en particulier dans cet ordre. Je vois des religieux et des gens en robe, mais cet ordre touche surtout aux religieux. Il y a un religieux derrière tout cela. *(Deux ordres religieux très puissants se partageaient alors la France : les dominicains et les franciscains.)*

On dirait que, de peur que cela leur retombe dessus, ils l'ont sacrifiée... Ce même ordre, ces mêmes gens qui l'ont poussée en avant, l'ont crucifiée. Ils ne voulaient pas être démasqués, elle était allée trop loin. Ils ont eu peur qu'elle parle, elle a essayé de faire preuve d'indépendance. Elle a été sacrifiée parce qu'ils ont vu que, finalement, elle réussissait sans eux. Elle les a affrontés et eux ont pris peur.

Dans l'imagerie populaire, elle n'est pas du tout ce qu'elle est en réalité. Elle pouvait être vulgaire, enfin très grossière, maniant un humour de fantassin. Elle était faite pour haranguer les troupes ou les foules. Elle aurait pu être du signe du Bélier. Elle était incroyablement exaltée et mystique.

Elle se croyait vraiment investie d'une mission. Ce n'est pas un personnage aussi sympathique qu'on a bien voulu le présenter. *(Dans les chroniques, il est noté que Jeanne, notamment au siège d'Orléans, est querelleuse, autoritaire, qu'elle critique et invective, parfois avec grossièreté.)* Je ne dis pas qu'elle soit antipathique, mais je n'ai pas une sympathie folle pour elle. Non. J'ai de la sympathie parce que, la pauvre, elle a été trahie par les siens, mais en même temps, je ne sais pas, c'est très ambigu.

Elle était certainement très bonne, très brave avec les gens qui l'entouraient, elle était certainement très bien, très droite, mais me déplaît son côté un peu fou, trop mystique. On dirait, de nos jours, qu'elle était schizophrène.

Elle n'en avait pas moins un grand sens politique. C'était quand même un personnage. D'un côté, je crois qu'elle est vilaine, elle n'est pas jolie, et cela me gêne, et en même temps, elle a beaucoup d'intelligence, bien que peu cultivée. Lourde surtout, j'ai une impression de lourdeur ; pas très grande, mais lourde, de bons mollets, de bonnes fesses. Je la vois à cheval, avec une bonne paire de fesses.

Son père est un personnage très important. Elle le sait sans le savoir. Au fond, c'est une pauvre victime. A un moment donné, elle a su, elle s'est doutée de l'identité de ses parents. Elle n'est pas élevée par eux et elle est rejetée par sa vraie famille. Elle a des frères et des sœurs, mais je dirais des demi-frères, des demi-sœurs. Elle est très près d'un roi, mais, en fait, elle est complètement manipulée. Elle le sait sans le savoir. Elle n'est pas complètement informée. Elle a un rapport avec l'Angleterre, très fort. Est-ce

qu'elle a fait des croisades ou une croisade ? Je vois
le mot croisade, au sens symbolique.

Elle a su, à la fin, qui était son vrai père, elle l'a
su parce que je vois des tractations diplomatiques.
Mais les religieux l'ont trahie... Je vois de nombreux
religieux, devant une espèce d'assemblée, et je vois
un évêque. D'un côté, on l'encense, de l'autre côté
on la tue, on la trahit. Elle a gêné beaucoup, parce
qu'elle n'était pas aussi disciplinée qu'on l'aurait
voulu. Elle a eu des moments de rébellion, surtout à
la fin. On l'a prise pour une sorcière ?

Ce qui est terrible, c'est qu'ils savaient tous qui
elle était vraiment. C'était une victime du début à la
fin. Il fallait qu'on la sacrifie. C'était trop dangereux
pour ces gens-là. Il y a un rapport entre la France et
l'Angleterre. Les Anglais l'ont trahie ? Quelque chose
s'est passé, pas comme elle le souhaitait, où il y a
les Anglais, l'Angleterre...

Elle part pour sauver quelqu'un. Elle le sauve,
d'ailleurs. Elle aura connu les plus grands honneurs
et la plus grande déchéance. Je dirais qu'elle est
presque morte en sainte. En sainte femme. Mais on
a failli mettre quelqu'un à sa place et ne pas la tuer.

C'était une époque extrêmement troublée, je vois
le peuple coupé en deux. *(Les Bourguignons d'un
côté, les Armagnacs de l'autre.)* On dirait qu'un roi
risquait son trône à ce moment-là. Il n'a dû sa vie,
n'a sauvé sa peau, si je puis dire, que par le sacrifice
de cette femme... Bien des gens ont eu la vie sauve,
par son intervention. Ce n'est pas une paysanne, en
tout cas, je vous le jure. Comme elle était croyante !
Elle avait de très grands pieds. Je la vois à cheval,
je la vois en armure. Je la vois dans une église, comme
si on lui remettait un grand manteau d'hermine ou
de pourpre, je veux dire un vêtement royal sur les
épaules. Ou bien on met ce vêtement royal sur les

épaules de quelqu'un et elle y assiste. En fait, elle, elle porte une armure, ce n'est pas elle qui a le manteau. *(Le sacre de Charles VII.)* Mais il faut qu'elle soit là... Mais déjà, à ce moment-là, elle gêne. Elle commence à gêner. Ce roi n'était pas au courant au départ.

Elle avait affaire, je dirais, à une « association secrète » occulte, terrifiante. Elle ne savait pas qu'elle s'était engagée à ce point.

Elle était complètement asexuée. Je ne vois pas d'homme dans sa vie. Je vois un ami proche d'elle, un homme très, très proche d'elle, mais je vous dis qu'elle n'aimait pas le sexe. Un homme a été proche d'elle, a été tout le temps là, mais je ne vois pas d'histoire sexuelle entre eux.

Quelqu'un la maintenait sous son emprise, avait une emprise sur elle extraordinaire, arrivait à lui faire faire ce qu'il voulait. *(Un confesseur de Jeanne ?)* Il représentait ce groupe occulte, il en faisait partie. Il est toujours resté dans l'ombre. C'est un religieux, et il est près d'un roi. On appellerait cela maintenant une éminence grise. Je le vois en train de tirer les ficelles. Et ce qu'il voulait, c'est amener quelqu'un dans une cathédrale. *(Charles VII à Reims.)* Curieusement, à partir du moment où ce fut fait, le rôle de cette femme était terminé, mais on dirait qu'elle a voulu aller plus loin.

C'est un religieux. Qui est dans l'ombre. Je le vois entouré d'hommes plus diaboliques les uns que les autres. Qui lui obéissent. De la haine a été attisée contre elle. Je vois un bûcher et je vois une haine qu'on attise. Tout était arrangé. Elle a vraiment été trahie, la pauvre. C'est Jeanne d'Arc, n'est-ce pas ?

Je la vois brûlée. Mais on a failli mettre quelqu'un d'autre à sa place. Quelqu'un fut pris de remords au dernier moment, mais il fallait donner l'exemple parce que les esprits s'échauffaient. On a essayé de prendre quelqu'un d'autre, une autre prisonnière, mais au dernier moment on *(les Anglais)* s'est rendu compte du subterfuge.

Le procès-verbal, si procès-verbal il y a eu, a parlé du retard ? Je vois un retard parce qu'on s'était rendu compte qu'on mettait quelqu'un d'autre à sa place. Jusqu'au dernier moment, on lui avait dit qu'elle serait remplacée, qu'on la ferait fuir... Mais elle est morte en héroïne, d'une façon très belle. On a voulu la remplacer, presque par remords, bizarrement. Elle s'était admirablement conduite... On s'est dit qu'au fond elle n'était pas si dangereuse qu'on le pensait. Il y a eu sursaut de quelqu'un qui avait très peur, quelqu'un de mystique, qui avait peur de la foudre, du « boomerang » de l'Histoire. C'était dans cet esprit-là, par superstition plutôt que pour elle, qu'on a tenté de la sauver.

Je vois la magie noire, une messe noire. Il y avait un ordre occulte derrière tout cela ! J'en suis sûre, sûre, sûre. Un ordre très curieux. Je vois des messes noires, et des gens très puissants faisant partie de cet ordre. C'est terrible, parce que c'est très occulte, très noir. Elle est victime, la pauvre.

Elle a été trahie, ils *(ses protecteurs)* ont été trahis, ils *(les Anglais)* se sont rendu compte que ce n'était pas la vraie *(Jeanne d'Arc)*. Son ordre a essayé de la soustraire et d'en mettre une autre à sa place. On *(les Anglais)* a su qu'on allait mettre quelqu'un d'autre à sa place.

Elle n'a pas parlé, parce que jusqu'au dernier moment on lui a dit qu'on la sauverait, que tout cela n'avait aucune importance, qu'elle n'avait rien à craindre. Elle a été trahie, la pauvre, du début à la fin. On lui a dit : « Ne dites rien et vous serez sauvée. » Tout était très bien monté.

Elle a été sacrifiée parce que c'était dans la logique de tout ce qui s'était passé. Elle était de trop; elle était devenue gênante; elle aurait pu parler... Jusqu'au bout, elle a été d'une grande droiture.

Je suis sûre que son père est un noble, proche du roi. On le savait. On a toujours dit qu'elle était inculte et qu'elle gardait les chèvres, mais pas du tout. C'est une fille abandonnée. Ce n'est pas une enfant légitime et elle a été mise en nourrice. Elle a su qui étaient ses parents, mais seulement à la fin. C'était facile de la pousser à cause de son exaltation. Elle a porté sa croix jusqu'au bout. Je la vois blessée pendant une bataille. Je la vois presque laissée pour morte. *(Jeanne a été blessée au siège d'Orléans et au siège de Paris.)*

Elle était épaulée par ce groupe occulte, mais cela a duré deux à trois ans au maximum. Cet ordre qui protégeait le roi a été extrêmement puissant, mais jamais révélé.

Le « signe » qu'elle a donné au roi à Chinon pour le convaincre ? Elle lui a dévoilé un secret. C'était un signe de reconnaissance, d'appartenance à cet ordre, dont le roi était.

Un code secret. Un code entre initiés. Elle est arrivée et elle lui a dit quelque chose en latin et le roi a compris qu'elle faisait partie de la même confrérie...

Elle est formée, au départ, par ce groupe occulte. Elle y a cru. Elle a été choisie parce que, à sa naissance, on savait qui était son père. « On », c'est-à-dire ce groupe de gens, d'autant plus puissants qu'ils étaient dans l'ombre. Le père était un noble, très important, je dirais un ministre dans le sens actuel. Il remplissait une fonction, à l'époque, près du roi. Et le roi est très marqué par cet ordre occulte. Elle a été choisie pour ses origines, pour sa personnalité, surtout pour ses origines. Parce que, justement, son père faisait partie de ce groupe d'initiés. Parce que c'étaient des visionnaires, qu'elle était une visionnaire et qu'ils le savaient.

Ce sont des intrigants, ayant une « écoute » auprès du pouvoir... Par la voyance, ils savent ce que cette femme va faire ou est capable de faire. Ils vont donc provoquer, susciter les choses. C'est une mise en scène, parce qu'elle avait affaire à des gens extraordinairement puissants, je le répète, sur un plan occulte, des cabalistes, des astrologues, qui savaient comment la manipuler...

Entre elle et le roi, existe un lien de parenté, mais très lointain. Je ne vois pas sa mère. C'est bizarre, je ne la vois pas. La mère est insignifiante. Elle a abandonné son enfant. L'important, c'est son père. La mère l'a abandonnée. C'est une noble, une jeune fille, une jeune femme non mariée, que l'on a muselée, à qui on a donné de l'argent et qu'on a mariée, très jeune. C'est le père qui s'est occupé de tout, qui l'a mise en nourrice là où elle était.

Quand sa fille a été sacrifiée, le père vivait toujours. C'était un vieux monsieur. Elle ne l'a jamais vu vraiment, elle ne l'a jamais rencontré. N'oubliez pas qu'elle était en même temps complètement isolée. Elle était manipulée et isolée.

On l'a sacrifiée, de peur qu'elle parle, parce qu'elle en savait trop, parce qu'elle a, à un moment donné, fait preuve d'indépendance, parce qu'elle devenait dangereuse et n'était plus aussi facilement manipulable...

Le père était près du roi. Il était noble et avait un lointain cousinage avec la famille royale. Il avait énormément de terres et était extraordinairement puissant.

Elle a été manipulée, la pauvre fille, c'est net. Derrière elle, je vois le groupe occulte. Officiellement, ce sont des religieux.

Il n'y a pas eu l'évêque Cauchon ? Il en faisait partie *(de ce groupe)*. Je vois... vision terrifiante d'ailleurs, je vois ceux qui l'ont condamnée, je vois tous ces religieux : d'un côté, leur visage est clair et, noir de l'autre. Ils jouent double jeu.

Elle ne s'appelait pas vraiment Jeanne non plus au départ. Elle ne s'appelait pas Jeanne... *(Un temps.)* Elle était extraordinairement pieuse. Elle aurait très bien pu finir religieuse. Je sens quelqu'un de complètement sincère, elle a cru en sa mission, complètement. Elle recevait un message de Dieu, comme si elle avait le « parler en langue ».

Extraordinairement douée, elle a dépassé, à un moment donné, leurs espérances. C'est pour cela qu'ils ont eu du mal et que ce fut terrible, car ils ont pensé vraiment qu'ils la sauveraient. Par peur de représailles, sur un plan occulte, ils ne voulaient pas la sacrifier. Parce qu'ils avaient peur pour eux-mêmes. Parce qu'ils se sont rendu compte que c'était un sujet extraordinairement doué. Elle est morte en sainte. Et c'est cela qui leur a fait peur. C'est pour cette raison que, jusqu'au bout, ils ont essayé de la sauver. Mais au dernier moment il y a eu trahison, et ils ont eu, à la fois, peur de la sauver et peur du châtiment s'ils ne la sauvaient pas.

Des gardiens fanatiques dans la prison où elle était gardée ont compris le subterfuge. Au dernier moment, au moment de la conduire au bûcher, ils se sont rendu compte qu'on ne pouvait la remplacer.

Elle avait une voix extraordinaire et adorait chanter. Elle a ce physique un peu fort et, paradoxalement, une voix très claire, très légère, un peu soprano, jeune...

Elle a laissé des lettres, non ? En tout cas, elle a écrit et puis tout a été brûlé. On a eu vraiment très, très peur. On a brûlé des masses de papiers. Tout a été brûlé. Trop dangereux, ces écrits. C'était vraiment du vitriol. Je crois que si, à l'époque, la vérité avait été dévoilée, elle aurait atteint le roi, et mis trop de gens en cause. Donc, on a tout brûlé. C'est très étrange, j'ai l'impression que sa famille d'adoption elle-même a été réduite au silence.

La « fausse » Jeanne d'Arc... *(La Dame des Armoises.)* Il fallait continuer le mythe, toujours ce besoin d'un mythe pour tenir le peuple, l'appâter... par l'imagerie populaire... Cela ne faisait pas bon effet, non plus, d'avoir sacrifié Jeanne d'Arc. Bref, la faire soi-disant réapparaître signifiait : « Vous voyez, nous ne sommes pas si méchants. » En fait, ce n'était pas elle... On en a créé une autre qui lui ressemblait un peu.

La « fausse » Jeanne d'Arc infirmait le côté sainte Jeanne. Il ne fallait pas que ce soit une sainte. J'ai vraiment l'impression d'une manipulation extraordinaire, détestable sur le plan humain.

Tout le monde savait. Une vraie conspiration du silence ! On savait à la limite qui avait monté, mis en scène Jeanne d'Arc, on se doutait, on ne savait pas d'une façon formelle, mais on se doutait. J'ai vraiment l'impression d'une grande mascarade, d'une pantomime que l'on joue jusqu'au bout, comme souvent en politique. Mais le dernier acte n'a pas fonctionné.

Le roi l'a sacrifiée parce qu'il ne pouvait pas faire autrement. Les autres avaient peur, ils voulaient éviter de sacrifier Jeanne d'Arc. Même le roi a voulu l'éviter. Il avait dit qu'il fallait la sauver. Tout le groupe voulait la sauver, faire brûler une vraie criminelle à sa place. Mais quelqu'un du peuple a dit : « Mais ce n'est pas elle. » Il y a eu ce grain de sable... L'évêque Cauchon savait tout. Il était dans la conspiration pour la sauver...

Le roi faisait partie de ce groupe occulte, connaissait le mot de passe. On l'avait prévenu qu'il allait se produire quelque chose, mais on ne lui avait pas dit quoi.

Le père *(de Jeanne d'Arc)* est un homme marié, « installé », pas jeune, très connu, près du roi, de sa famille. Sa mère est une jeune fille, une jeune femme qui, pas encore mariée, tombe enceinte. Elle est de noble naissance. Elle était brune, les cheveux tirés en arrière... On a fait savoir à Jeanne qui était son père, mais pas sa mère. Il fallait lui cacher à tout prix le nom de la mère. Je ne vois pas la mère. Je ne la vois pas, peut-être parce qu'on l'a toujours cachée. Le père est un homme important, influent, très riche et faisant partie de ce groupe, de cet « ordre occulte ».

Recherchez dans les archives, on a parlé de ce groupe occulte, de cet ordre à l'image des templiers. Ils étaient très puissants, beaucoup plus qu'on ne l'a dit. Cet ordre avait un poids important dans toute la France, notamment dans trois villes. Son symbole est une espèce de croix... pas une croix, ce n'est pas une croix... c'est dans un cercle... le carré inversé... le carré dans le cercle deux fois... avec un point au milieu, un point noir, un point rond... C'est le signe secret... *(Un long silence.)* Je ne la sens plus du tout. *(Jeanne d'Arc.)* Je ne la vois plus. Ce n'est pas une question d'époque trop lointaine, mais d'ondes trop puissantes. On touche à l'ésotérique. C'est ce groupe... Des cabalistes. Cet ordre a été remplacé par d'autres ordres, aussi puissants.

Quand je pense à Jeanne d'Arc, je la vois vraiment morte et un grand rideau noir. Comme si on me disait : « Ne cherche pas à voir, les mains risquent de te brûler. » C'est drôle, j'entends cela. Nous avons affaire, là, à une puissance, à des puissances qui me dépassent. Je ne veux pas y toucher...

Nous en parlons et je sens un épais mystère, l'on met entre nous et elle des étendues et des étendues de nuages noirs... *(Un long silence.)* Mais nous savons le principal... Ne cherchons pas plus loin. C'est là le message : « N'oublie pas que la vérité peut aveugler, il faut être initié... » Ce message suffit pour aujourd'hui...

Commentaire

Une fois de plus, on ne peut qu'être frappé par les explications données par Yaguel Didier, tant elles paraissent plausibles. Dès le début, en quelques mots, c'est toute la vie de Jeanne d'Arc qui passe en images.

Elle n'est pas la fille des d'Arc, comme on le soupçonne fortement, mais d'origine sans doute noble — comme le montra son éducation — et pas forcément royale. La théorie qui en fait la bâtarde d'Isabeau de Bavière et du duc d'Orléans n'est en effet pas très convaincante, compte tenu des dates connues.

Les différences dévoilées par Yaguel Didier entre la légende et la réalité, notamment en ce qui concerne son physique, sont probables, si l'on en croit les chroniques de l'époque.

Le point le plus important de cette voyance est évidemment l'ordre occulte qui y est abondamment évoqué. S'agit-il du tiers ordre franciscain (qui, dans la guerre d'alors, avait pris le parti de Charles VII) auquel Jeanne aurait été affiliée ? Cette fraternité a été créée par les franciscains afin d'affirmer leur emprise sur le peuple. C'est, en quelque sorte, un

ordre civil : hommes et femmes pouvaient y apparte-
nir. Des couples pouvaient même en faire partie et il
arrivait qu'ils y vouent leurs plus jeunes enfants.

Ce groupe occulte semble pourtant et *a priori*
invraisemblable. Cependant, si l'on veut bien en
admettre l'existence, une indication pourrait être
fournie par les vicissitudes subies par les franciscains
eux-mêmes. C'est vers la deuxième moitié du XIIIe siècle qu'une scission apparaît, en effet, au sein de
l'ordre : les « spirituels » et les traditionalistes, inspi-
rés par la philosophie, souvent teintée d'ésotérisme,
et les thèses millénaristes du cistercien Joachim de
Flore, n'acceptent plus de se soumettre au généralat
de l'ordre, et même au pape, et finiront par verser
dans l'hérésie. Leurs héritiers furent les fraticelles,
qui, bien que condamnées énergiquement par la
papauté et finalement dissoutes, purent très bien
donner naissance, à leur tour, à des groupes « occultes », dissimulés à l'intérieur même du tiers ordre
franciscain par exemple, et dont les membres conti-
nuaient de propager l'idéal des fraticelles, leur doc-
trine secrète et sans doute leurs pratiques magiques.

Mais peut-être faut-il voir aussi dans cette insistance sur « l'occulte », non pas un ordre proprement
occulte, mais la référence aux buts politiques d'un
ordre religieux. Or on sait que les franciscains
soutenaient le roi Charles VII et que leur intérêt
était de le voir au plus vite sacré à Reims. Sa
légitimité était fragile, le pays était aux mains des
Anglais ou de leurs alliés, l'argent et les troupes
manquaient cruellement. Pour ressaisir ceux qui
restaient fidèles au roi de Bourges, pour rassembler
les dernières énergies favorables au parti français,
il fallait que ce sacre obtienne le plus grand retentissement possible. Il fallait frapper les imaginations,
rendre confiance au peuple. C'est alors, peut-être,

que le côté mystique et visionnaire des franciscains de l'entourage royal a dû intervenir : il fallait un miracle et ce miracle serait Jeanne d'Arc. Comptaient-ils ainsi donner raison à la prophétie qui disait : « Une femme perdra la France, une autre la sauvera » ?

Ce qu'on peut dire aussi, c'est qu'au Moyen Age les prélats, les religieux, par ailleurs hommes de bien, s'intéressaient discrètement à la magie, à l'occultisme et qu'ils les étudiaient, à défaut de les pratiquer. Par ailleurs, le goût du pouvoir et la volonté de faire le bien, étroitement liés, étaient caractéristiques des groupes de l'époque. Le pouvoir, surtout plus ou moins secret, passait nécessairement par l'Eglise et les ordres religieux.

Il est possible de concevoir l'existence, dans ces conditions, d'un groupe « occulte », dissimulé sous le couvert d'un ordre religieux ou comptant de nombreux religieux parmi ses affiliés. Les dirigeants de ce groupe sont versés dans la magie et l'ésotérisme. Ils travaillent pour gagner le pouvoir, en tout cas pour redresser la situation de la France.

Charles VII devient leur affilié. Il faut le remettre en selle. N'est-il pas en passe de perdre jusqu'à sa dernière province ? Pour cela, ils feront appel à Jeanne d'Arc, on l'a vu, dont ils connaissent l'existence par son père et dont ils souhaitent utiliser l'extraordinaire force mystique.

Ils la préparent donc à son rôle et mettent en scène son apparition avec tout le retentissement possible. Jeanne d'Arc montre à Charles VII le signe de reconnaissance du groupe, lui dit quelques mots qu'il est le seul à comprendre. Cela suffit à lui assurer instantanément la protection illimitée du roi, mais reste un des mystères les plus inexplicables de son histoire.

Elle réussit brillamment dans son rôle, mène Charles VII à Reims, puis, sa personnalité agissant, elle tente de se libérer du groupe et se rebelle contre lui : elle veut poursuivre, seule, sa mission, elle échappe. Les dirigeants du groupe la sacrifient alors : elle est trahie, arrêtée, emprisonnée...

Lorsqu'on étudie Jeanne d'Arc, trois faits sautent aux yeux : il est impossible que, seule et sans appuis (puissants et secrets), elle soit arrivée si vite de Domrémy à la Cour, obtenant la faveur du roi et bientôt la responsabilité de l'armée. Elle avait une personnalité tellement forte qu'elle dépassait de loin les intrigues qui pouvaient l'entourer. Après le sacre de Charles VII et sans raison apparente, elle est contrecarrée et abandonnée par ses protecteurs connus : le roi, la Cour, les généraux... Pourquoi, alors qu'elle réussissait si brillamment ?

Bien qu'il l'ait sacrifiée, le groupe occulte tente de la sauver. Par crainte qu'elle ne parle, qu'elle ne révèle les secrets qu'elle connaît, au cours du procès. Aussi lui a-t-on promis la vie sauve contre son silence. Par superstition aussi : le groupe a compris que Jeanne d'Arc est une « sainte » et ne veut pas avoir son sang sur les mains, de peur que ce crime ne retombe sur lui.

Si on lit attentivement le procès de condamnation, il apparaît du début à la fin comme une comédie montée de toutes pièces pour abuser les Anglais. Le rôle de l'évêque Cauchon lui-même est plus qu'ambigu et différent de l'image légendaire du bourreau acharné à la perte de Jeanne d'Arc.

Le groupe a projeté de faire brûler à la place de Jeanne d'Arc une criminelle quelconque, mais au dernier moment les Anglais s'aperçoivent du subterfuge et Jeanne meurt bien sur le bûcher, en héroïne, le 30 mai 1431. S'il n'y avait pas eu tentative de substitution, pourquoi, dès la mort de Jeanne d'Arc et malgré son exécution publique, tant de rumeurs sur cette substitution ont-elles couru en France et à l'étranger ? Après sa mort, le groupe fait apparaître, six ans plus tard, une pseudo-Jeanne d'Arc. Pourquoi ? Parce qu'il ne fallait pas qu'une sainte, une martyre ait été abandonnée par le roi, par ses amis. Si Jeanne d'Arc est bien morte sur le bûcher, comment est-il possible que la « fausse », la Dame des Armoises, ait été reconnue par les frères d'Arc, ait correspondu avec la Cour, ait fait une entrée solennelle à Orléans, accueillie par tous ceux qui avaient connu la vraie ? Jeanne d'Arc réellement morte sur le bûcher, il fallait que la fausse eût été le sujet d'une mystification formidable, puissamment organisée.

Enfin, une grande partie des preuves et des écrits concernant Jeanne d'Arc ont disparu, brûlés. Sauf le strict minimum qu'on a bien voulu laisser.

Comment ne pas être frappé par le violent contraste entre la clarté apparente de l'histoire de Jeanne d'Arc et le mystère épais qui l'entoure, dès qu'on gratte un peu. Si tout était si clair, pourquoi tant de mystère ? On est obligé soit de s'en tenir à l'image officielle vers laquelle on est insensiblement poussé par des jalons subtilement plantés, soit de renoncer à découvrir la vérité, tant les indices sont minces et les pistes embrouillées. Et, confronté à un mystère tellement impénétrable, on conclut en effet qu'il est impossible de le percer et que, peut-être, il vaut mieux ne pas y toucher.

N'oublions pas non plus que Jeanne d'Arc a été réhabilitée le 7 juillet 1456, grâce à la révision de son procès demandée par Charles VII lui-même.

Il n'en demeure pas moins que Yaguel Didier, sans hésitation, prend le parti des « bâtardisants » contre les « sulpiciens » du XIXᵉ siècle. Ces derniers ont créé une « image pieuse » de Jeanne d'Arc pour des raisons politiques évidentes à l'époque. Il est curieux de constater que certains historiens de nos jours reprennent cette image, gênés, sans doute, qu'ils sont à la pensée d'une « bâtarde » devenue sainte au XXᵉ siècle.

Le comte Dracula

Dracula, le personnage mythique du roman de Bram Stoker, publié en 1897, a eu son modèle en la personne de Vlad Tepes, dit Vlad l'Empaleur, prince de Valachie et fils de Vlad Dracul (c'est-à-dire le Diable), dans la deuxième moitié du XVe siècle.

Son invraisemblable cruauté, les innombrables horreurs qu'il commit le firent passer dans tous les Balkans pour un monstre, un épouvantail dont on terrifiait les enfants indociles ; un vampire sortait de sa tombe pour sucer le sang des vivants.

Dans les années 1930, les historiens roumains commencèrent à s'intéresser sérieusement à lui. On retrouva les ruines de son château à Poenari (Transylvanie). On fouilla sa tombe au monastère du mont Snagov : elle était vide, ce qui ne fut pas sans accréditer la légende.

Nous avons voulu savoir qui était, en réalité, ce personnage terrifiant et ce qu'était devenu son cadavre...

Une enveloppe scellée, contenant un livre consacré à Vlad l'Empaleur, le comte Dracula, est soumise à Yaguel Didier.

Yaguel Didier: Cela remonte très loin... Quel est son rapport avec Rome ou l'Italie ?

Est-ce un homme avec une grande barbe ? Est-ce un philosophe ? Un homme politique... Plutôt politique... Guerrier, oui, un guerrier.

J'y arrive... L'homme s'est entouré de philosophes... Je le vois en armure, il a un côté militaire, mais en même temps il était philosophe dans sa façon de penser...

Un homme très dur ! Qu'est-ce que c'est violent, mon Dieu, autour de lui ! Le sang coule, le sang coule. On remonte au XVIe siècle, même plus tôt. J'entends : « XVe siècle. » *(Dracula est né en 1431 et mort en 1476.)* Je vois des éventrés, comme si on leur ouvrait le ventre avec une dague... le sang coule.

C'est bizarre, cet homme, en même temps, était un esthète, il aimait s'entourer de belles choses, malgré cet aspect guerrier. Il y a un paradoxe entre ce côté guerrier, violent, baignant dans la violence, et cette grande douceur chez lui, dans son foyer, dans sa maison, dans son entourage ; une grande douceur et une certaine bonté. N'était-il pas un peu fort ? Avec de bonnes joues ? Des pommettes très hautes ? A un moment donné, il avait certainement la barbe... Je vois la barbe, je le vois assez beau.

Il était sec au départ, puis plus fort à la fin de sa vie. Parce que je vois un côté lourdaud... Et puis je le vois émacié... Pourquoi a-t-il un grand crucifix, une grande croix devant lui ? Ou alors il a un emblème... mais je vois une grande croix... Comme s'il portait une toge, un surplis, avec une croix... un surplis blanc. Je le vois avec une croix. Ou alors, cet homme a été entouré d'hommes d'Eglise. J'en vois beaucoup, maintenant j'en vois plusieurs... Je vois des hommes en surplis blancs avec des croix. Ce sont des prêtres ou des religieux. C'était important pour lui... Etait-il un guerrier de religion ?

Il a eu femme et enfants, non ? Je vois femme et enfants... Il a quantité d'enfants... au moins cinq ou six. Je ne sais pas combien il en reste, mais au moins cinq ou six. Il a eu un fils, non ? *(Dracula eut trois enfants et des bâtards.)*

Il a eu probablement un fils. Il a eu une fille aussi. Une fille qui était religieuse.

Plusieurs de ses enfants sont morts en bas âge. *(Le troisième, Mircea, est mort jeune.)* Un fils était important... Cet homme était entouré d'hommes. Je vois sa femme, mais elle avait un rôle complètement effacé. *(La première femme de Dracula se suicida en 1462 pour ne pas tomber aux mains des Turcs. La seconde, dont on ne connaît pas le nom, était une des sœurs du roi de Hongrie.)*

Ce qui me frappe chez cet homme, c'est sa bonté. Très dur, mais très juste. Il était impitoyable, mais il n'était pas méchant... Tout pour l'Etat, son pays, son peuple... Il a régné sur deux endroits différents ? Ou alors ce pays était coupé en deux ? Je vois un pays coupé en deux.

Il y a à ses côtés un homme fort, assez connu, dont on a fait des portraits, un homme gros, très gros.

Il a eu la réputation d'un sanguinaire, il a tué énormément de monde, mais il n'était pas vraiment méchant, j'insiste. S'il était dur et cruel, il savait être juste et bon. Il n'écoutait que lui-même. Je sens l'« autocrate » parfait.

A-t-il eu un ennui de vessie ? Je suis sûre que cet homme avait des blocages rénaux, de vessie, des voies urinaires. Il a été sur le trône ? *(Dracula a régné de 1456 à 1462.)* Parce que je vois un trône... Mais le pays est coupé en deux. Cela touchait la Sibérie ? Parce que je vois de grandes steppes enneigées, à l'infini, glaciales, il fait un froid ! *(Les grandes plaines de Valachie.)*

Cet homme pouvait se nourrir de rien, il était très frugal, alors qu'autour de lui on dévorait... Donc, le gros que j'avais vu, ce n'était pas lui... Ce personnage important et que vous devez retrouver à côté de lui était probablement religieux, homme d'Eglise.

Il est marqué par sa mère, très marqué. Plus que par son père. Sa mère a régné de façon occulte. Je vois une puissance, une influence occulte, souterraine de la mère. Elle est morte violemment, brusquement. Elle a souffert énormément. Elle n'a pas été tuée, non. Mais lui, en revanche, a été tué. Je ne le vois pas mourant dans son lit. Je vois une mort violente, mais il s'y attendait... Il est allé au-devant de son destin. *(Dracula fut décapité par les Turcs en 1476.)* Il avait une philosophie de la vie qui lui était propre.

Il professait : « Je suis l'élu de Dieu, donc je peux tout. » Dieu sait s'il est passé pour sanguinaire !

Il y a eu tellement de morts autour de lui ! Je vois des jeunes gens tués, des enfants, des villages... L'armée tuait tout sur sa route. *(L'armée de Dracula a rasé des dizaines de villages et tué des milliers de gens.)*

Sous son règne, deux pays se sont réconciliés, ou ont été annexés. Deux traités importants ont été signés, dont l'un de paix entre un pays étranger et un autre pays étranger... *(La Hongrie et l'Empire ottoman ?)* C'est 1400, 1500 à peu près ? Je vois des gens qui signent. Il est mort assez vieux ? *(Dracula est mort à quarante-cinq ans.)* Pour l'époque, il est mort vieux. Il boite, il marche en claudiquant... Il adorait le bleu, il avait des vêtements bleu lumineux, bleu roi. Je le vois portant un manteau de cour, avec de l'hermine, de la fourrure blanche... Il était très grand. Mince et grand. *(Dracula est représenté avec un manteau d'hermine.)*

Il y a tellement de religieux autour de lui ! Il était fanatique, fanatique... Il aimait le théâtre, aimait, de temps en temps, assister à des fêtes.

Il est mort la nuit, il est enterré la nuit. Sa mort gênait, je veux dire que le fait d'apprendre sa mort gênait. Il fallait attendre un certain temps... Cela se passe un soir, on l'enterre un soir... Sa sépulture a été profanée ? Je vois une sépulture profanée. On vient enlever son cadavre la nuit, peu de temps après sa mort. J'entends : « Le corps était encore chaud. » Enfin, c'est une image. C'était quinze jours, peut-être un mois, après.

Je me demande si ce n'est pas sa famille qui l'a fait disparaître. Les terres sont occupées, la famille est chassée. Non. Sa tombe a été profanée par des envahisseurs... Portait-il des bagues ? Je le vois enterré avec des bagues... Il y a profanation... par vengeance contre lui... Des fanatiques... Et on a pillé ce qu'il y avait à piller, les bijoux, tout ce qu'il y avait. Une énorme croix en or a été volée... Je le vois couché avec cette énorme croix en or. Il y avait des pierres extraordinaires, des saphirs, des émeraudes... On s'est vengé en jetant son cadavre ailleurs. Ce sont des ennemis. C'est la vengeance de fanatiques.

Je vois la scène. On est en train d'ouvrir les tombes, la sienne et deux ou trois autres... et on pille. On pille, on prend ce qu'il y a... des bijoux. On a laissé les autres corps. Je ne vois pas les autres corps enlevés... C'est bien le sien qui a été enlevé, par vengeance. C'est l'armée adverse qui a perpétré cela... Je vois vraiment son cadavre jeté dans le caniveau. Ceux qui ont fait cela ont des uniformes verts, vert-de-gris. Beaucoup d'hommes à cheval. Une partie de cette armée porte une espèce de panache sur la tête. Ces uniformes ont un côté cosaque... Très serrés à la taille... Je vois des bottes très serrées... Ce qui me frappe, c'est cette coiffure, ce couvre-chef très spécial, très élevé, avec une plume qui part très haut. Cet enlèvement a été fait par son armée...

Cet homme avait des connaissances ésotériques étendues. Il était fanatique, il était entouré de prêtres et il s'accompagnait de magie, à l'opposé de son aspect très « soldat ». En fait, il était très superstitieux, avec un côté Dracula *(!)*.

Il est mort à l'armée. *(Dracula a été fait prisonnier lors d'un combat, près de Bucarest, puis décapité par les Turcs.)* Je sais qu'il a été blessé, en tout cas ; il est peut-être mort de ses blessures plus tard, mais il a été blessé.

Je vois des exorcistes autour de lui, de grands cabalistes, il était féru d'occultisme. Ce sont eux qui ont pris sa dépouille !

Sa tombe est profanée. On vole les pierres et les bijoux... C'était l'armée ennemie. On pille, mais on laisse le corps. Les prêtres dont il était entouré... des cabalistes, bien que ce fussent des religieux, ont pris sa dépouille. Ce sont eux qui ont pris sa dépouille pour suivre un rite ou par rite.

Ils l'ont mis dans une autre sépulture, ailleurs, en grand secret. Je vois tout un rituel autour de son cadavre pendant treize jours. On lui met une espèce de sel, d'onguent... On embaume son corps... Ils en ont fait un symbole, un saint vénéré.

Je le vois enterré dans un bâtiment, tout ce qu'il y a de plus innocent, et... je le vois dans une chapelle... Je crois que si on cherchait... Non ! Cet endroit n'existe plus. Ce n'est pas dans un château... Je vois des ruines couvertes d'herbe. Il n'y a plus rien. Ce n'est pas loin d'une montagne... Ils l'ont pieusement gardé et conservé dans un caveau, quand ils ont vu que sa sépulture avait été profanée. Parce qu'il était un des leurs. Il était un symbole pour eux.

Le portrait existant de lui n'est pas très ressemblant. C'est un homme qui dormait peu. Il avait les yeux tout jaunes, le blanc de l'œil jaune... A la fin de sa vie, il a été très malade, peut-être un problème de foie, parce que je vois les yeux très jaunes... Des yeux très jaunes. Maigre, maigre...

Je revois ce personnage tout le temps autour de lui... Il a dû être admirablement servi, épaulé, guidé par un homme très gros. La légende est née de son côté ésotérique.

On ne retrouva pas les restes de sa dépouille... De l'eau coule non loin de l'endroit où les cabalistes l'ont enterré... Je vois une rivière qui coule, un étang... *(Le monastère de Snagov où fut enseveli le corps de Dracula a été bâti sur une île.)* Ce n'est pas loin d'un château. Je vois cette chapelle non loin...

Si on trouve, non loin d'un château, des ruines d'un château, une chapelle, les traces d'une chapelle, c'est là... Ou d'autres ruines, ce serait là. Ce serait là-dessous... Dans un endroit désertique. Complètement désertique... Il n'y a plus rien... Il devait y avoir trois dalles. *(Du monastère de Snagov, il ne reste que des ruines.)*

Il se sentait investi d'une mission... Il n'a jamais un seul instant douté de lui, de ce qu'il faisait... Ce sont surtout ses soldats qui étaient sanguinaires.

Tout ce qui touchait la famille le sensibilisait : « La famille est sacrée, après moi le déluge »... Tout pourrait arriver, cela ne le concernait plus...

Il avait ce côté guerrier. La vie humaine ne représentait rien pour lui. Mais il a aussi eu à sa cour des gens raffinés, des gens de théâtre, j'entends beaucoup de musique... Sa femme aimait les arts.

— Yaguel, vous devez savoir s'il s'agit de Dracula ?

Yaguel Didier : Dracula ? Je ne l'aurais jamais imaginé ainsi...

Commentaire

Quel étrange portrait de Dracula Yaguel Didier vient-elle de nous livrer ! Aussi curieux que cela puisse paraître aujourd'hui, ce portrait appartient bien à la réalité, celle de Vlad Tepes Dracula, surnommé l'Empaleur.

Vlad est célèbre pour avoir été un des personnages les plus sanguinaires de l'Histoire : il a supplicié et tué un nombre considérable de gens, avec des raffinements de sadisme, perfectionnant en particulier le supplice du pal, d'où son surnom. « Alors, je vois des éventrés, comme si on leur ouvrait le ventre. »

D'où lui venait ce terrible goût ? Prisonnier des Turcs de 1444 à 1448, Vlad n'a-t-il pas connu tous les raffinements, des plus exquis aux plus terrifiants, qu'appréciait le sultan, son geôlier ? Mais — et quelle étonnante contradiction ! — Yaguel Didier évoque quelques instants plus tard sa « douceur » et surtout les religieux qui, de fait, l'entourèrent.

Le prince Vlad était un « esthète », comme le dit Yaguel Didier, et dans l'entourage duquel vivaient des moines, franciscains et cisterciens. Les uns étaient installés à Targoviste, les autres à l'abbaye de Carta, et Vlad entretenait avec ces deux ordres d'excellentes relations. Il aurait même à son actif la fondation de cinq abbayes... Est-il possible que certains d'entre eux, des cabalistes, aient été des adeptes de pratiques magiques, de meurtres rituels et qu'ils aient entraîné leur bienfaiteur dans ces voies ? Si c'était le cas, ils auraient pu effectivement enlever sa dépouille — après le pillage de sa tombe — pour se livrer à quelque rite secret : « Je vois ces gens en train de faire tout un rituel autour de son corps... » Malheureusement, il n'a pas été possible de trouver trace de l'homme « gros et fort » qui était aux côtés de Vlad...

Physiquement, Vlad était, comme le voit Yaguel Didier, un homme râblé et fort, pas très grand, avec un visage mince et rougeaud (d'après la description qu'en fit Modrassa à Pie II), puis émacié et d'une pâleur maladive (d'après la miniature du musée d'Art de Vienne). Il portait une longue moustache et revêtait quelquefois le costume à la hongroise, avec la cape d'hermine et la toque de fourrure à aigrette, richement ornée de pierres précieuses.

D'autres détails énoncés par Yaguel Didier méritent d'être soulignés. « Etait-il un guerrier de religion ? » demande-t-elle : très jeune, Vlad Dracula se fit une réputation de combattant du Christ contre les Turcs. Plus loin, elle voit que « le pays était coupé en deux ». C'était le cas : la Valachie vivait en état de guerre permanente, occupée par les Turcs, puis reprise par Vlad, conquise ensuite par le roi de Hongrie, etc. Vlad n'occupe d'ailleurs son trône que par intermittence...

En ce qui concerne la mort de Dracula, elle est bien « violente », on l'a vu, puisque, fait prisonnier par les Turcs en décembre 1476, il mourut décapité. Sa tête fut envoyée à Constantinople où elle fut exposée sur un pieu.

Une légende naissait...

Christophe Colomb

L'illustre navigateur naquit dans l'Etat de Gênes vers 1451 et mourut pauvre et délaissé le 20 mai 1506 à Séville. Convaincu de voguer vers les Indes, il ignora jusqu'à la fin qu'il avait ajouté un Nouveau Monde à l'Ancien.

Après avoir proposé en vain ses services aux rois du Portugal, de France et d'Angleterre, il gagna à sa cause Isabelle de Castille, dite la Catholique, qui lui accorda les trois caravelles fameuses, *Santa Maria*, *Pinta* et *Niña*. En quatre voyages, 1492-1493, 1493-1496, 1498-1500, 1502-1504, il reconnut la plupart des Antilles et les côtes de l'Amérique centrale.

Nommé vice-roi des nouveaux territoires et couvert de privilèges, il se révéla un piètre administrateur. Accusé de favoriser la traite des esclaves et de décimer les « Indiens » indigènes, il fut emprisonné et renvoyé en Espagne par le gouverneur Bobadila. Finalement destitué, il mourut dans la misère.

On soumet à Yaguel Didier une reproduction d'un portrait du navigateur, sous enveloppe scellée; la séance s'est tenue fin 1991, à la veille du cincentenaire de la découverte de l'Amérique.

Yaguel Didier: Il est très sensible au qu'en dira-t-on, celui-là.

Méfiez-vous de ce que vous allez en dire ou écrire ! Il a un très grand sens de ce qu'il représente ! C'est un homme chargé d'histoire. Il est *ad patres*, mort, oh oui, bien mort. Est-ce qu'on n'en parle pas tout le temps depuis un an ? Il est de l'autre côté du miroir. Mes enfants, vous exagérez, il faut que j'aille très loin pour le capter... Il est heureux, là-haut ! Il a un visage carré, très masculin. Sa vie n'a été qu'un long problème, un long souci. Il a reçu des épines de tous les côtés. Il a un côté christique.

Cet homme ne périra jamais dans la mémoire des gens. *Ad vitam aeternam*, si je puis dire... A un moment donné, il a porté la barbe, ou les poils longs ?

Les choses importantes se passent en septembre, octobre, novembre. (*Colomb est arrivé en Amérique le 12 octobre 1492.*) Une vraie tête de mule, mes enfants ! A lui seul, il synthétise une époque, des idées... Pourquoi m'avez-vous mis un mort, un cadavre ? On en reparlera beaucoup pour quelque chose de très particulier... Et même très bientôt, comme si on tombait à une période anniversaire... On dirait que, par rapport à sa mémoire, des gens vont se bagarrer, des controverses s'engager, mais lui s'en moque...

Plein de livres ont été écrits sur lui, mais plein ! On approche toujours la vérité, mais on ne dit jamais l'essentiel. C'était un homme au fond horriblement timide, peu sûr de lui, et pourtant l'image qu'il donne est une image conquérante. Il n'est pas cela du tout...

Il est mort tristement. (*Colomb est mort en disgrâce.*) Mais que c'est triste, que c'est triste ! Il tombe brusquement, il y a quelque chose de brutal dans sa mort, d'inattendu. Je trouve cela à pleurer de tristesse...

Ce n'est pas Gary Cooper, mais en même temps il a un charme suranné, imprégné du passé. L'homme a vraiment fait des choses importantes. Je vois de l'eau autour de lui, de l'eau, beaucoup d'eau...

De là-haut, il me dit : « J'ai fait ce que j'avais à faire. » Il est content, cet homme. Mais j'ai l'impression qu'il a envie de dire : « Ce que j'ai fait n'a pas toujours été bien compris, bien vu, mais je ne regrette rien. » C'est un grand, grand croyant. C'est peut-être pour cela que je le vois là-haut.

Sa femme est morte aussi, non ? J'ai l'impression qu'il l'a retrouvée là-haut. Je vois deux femmes autour de lui, dont une un peu forte, très autoritaire. Il y a une femme redoutable autour de lui. Oh ! redoutable ! (*Isabelle la Catholique.*)

Je vois 51. L'année 51. Je ne sais pas ce que cela veut dire. C'est peut-être cinquante et un ans, mais il est mort plus tard (*à cinquante-cinq ans*). Je ne sais pas. Quelque chose avec 51 (*il est né en 1451*). Je suis troublée, je ne comprends pas le rapport, mais j'ai envie de m'égarer vers des pays comme l'Asie, la Chine, la Russie, des pays asiatiques. (*Colomb partit dans le but de rallier le Japon et la Chine par l'ouest, et baptisa les Antilles les Indes occidentales.*)

On a écrit plein de livres sur lui ; il est assis sur une montagne de livres. Il a l'air de dire qu'on a romancé la première partie de sa vie. Au départ de sa vie, il est tout seul, comme si la famille qui l'a élevé n'était pas sa famille. Jusqu'à l'âge de cinq-sept ans, il a été élevé à la campagne, trimbalé comme s'il avait deux familles nourricières.

Je vois du bleu autour de lui : il a traversé l'eau tout le temps, cet homme. Il y a de l'eau autour de lui, et il y a de l'or aussi, ou bien l'or joue un rôle important dans sa vie. Je le vois traverser des mers d'un continent à l'autre.

Qu'a-t-il sur la tête ? Il porte une espèce de bonnet... Cet homme a été protégé par une femme, une sorte de cheftaine, je la vois sur un trône. (*Isabelle la Catholique.*) C'est un dragon. Elle est confite en dévotions. Je vois une femme bigote, excessivement ! Cette femme a quelque chose qui lui prend le visage, elle a une chose comme les religieuses sur la tête, un voile ou un chapeau... On remonte loin, là, la tenue que je vois n'est pas du Moyen Age, mais presque ! Enfin, on est dans ces eaux-là...

Cet homme parle plusieurs langues, a des yeux incroyables. Il est assez beau, finalement. Cet homme est dans la politique sans être dans la politique, il est en contact avec la royauté, et en même temps c'est un navigateur ; je sens de bonnes odeurs, comme s'il y avait des épices... Il y a des armes, aussi. C'est bizarre ce que je vais dire, ce n'est pas un guerrier mais plutôt un pacificateur, mais à cause de lui, il y a eu des guerres et des gens massacrés. Mais un vrai massacre, presque un génocide ! Il n'a pas voulu tuer. Son action a fait qu'on a tué plein de gens. (*Le génocide des Indiens, que dénonça Bartolomé de Las Casas.*)

Il a connu les honneurs, mais cela s'est très mal fini pour lui. Cela ne remonte pas à cinq cents ans, quand même ! Je vois cinq cents ans. Il y a des cinq. Il est marqué par le continent américain et en même temps l'Asie... Mais oui ! C'est Christophe Colomb !

Commentaire

Yaguel Didier a parfaitement retracé le destin glorieux et misérable de Christophe Colomb.

Sa naissance est en effet imprécise. On lui a prêté des origines juives.

Ses rapports avec Isabelle la Catholique furent ceux d'un obligé et d'un solliciteur, mais doublés d'ambiguïté et de fascination réciproques.

Lorsqu'il revint en Espagne en 1505, la reine qui l'avait toujours protégé venait de s'éteindre, et plus personne à la cour du roi Ferdinand ne s'intéressait à lui. Il s'épuisa en vaines suppliques face à l'ingratitude de la couronne d'Espagne.

L'un de ses biographes a écrit : « Après avoir accompli la grande œuvre de sa découverte, il semble que son âme se soit affaissée et que son génie ait pâli. »

Le David *de Michel-Ange*

Michel-Ange Buonarroti est né le 6 mars 1475 et mourut à Rome le 17 février 1568. A la fois peintre, sculpteur, architecte et poète de génie, il est l'auteur d'une œuvre immense. Il parvint à montrer la douleur dans toute son intensité (la *Pietà* de Saint-Pierre-de-Rome) et, pour ainsi dire, à faire sangloter le marbre en représentant le cadavre du Christ, déployant une science profonde de l'anatomie humaine.

En 1501, la ville de Florence le chargea de tailler une sculpture gigantesque dans un énorme bloc de Carrare qu'elle possédait et dont personne — pas même Léonard de Vinci — n'avait pu tirer parti. Michel-Ange mit dix-huit mois à extraire de ce bloc le *David* qui se dresse encore de nos jours à la porte du Palais-Vieux de la ville. Cette statue colossale est l'aboutissement d'un pari impossible. En effet, Michel-Ange parvint à créer cette œuvre capitale sans aucune pièce de rapport. On admire dans cette figure la noblesse de l'attitude, l'énergique élégance de la forme, la science consommée et le fini de l'art de Michel-Ange, plutôt que la représentation fidèle

d'un personnage historique. C'est d'ailleurs ce caractère indéterminé qui frappa les Florentins, et leur
fit baptiser ce *David* le *Géant*.

On soumet à Yaguel Didier une photographie, sous pli scellé, du David *de Michel-Ange.*

Yaguel Didier : Je vois le front de ce personnage. Quelque chose ceint ce front... J'ai aussi une sensation de pierre, de dur, de visage taillé dans la pierre. Un très beau visage. Je vois un autre personnage, un homme fort, puissant, avec de grosses joues, une sorte de moustache et des bajoues. Il a une tenue spéciale, peut-être militaire. (*Le géant Goliath était vêtu, nous dit la Bible, d'une cuirasse à écailles et coiffé d'un casque de bronze.*) Et à côté, l'autre, plus petit, plus étroit, plus mince, plus... a moins de force. J'ai une sensation de désert, de sable, d'Orient : le Maroc, le Sahara, cela vous dit quelque chose ?

— Oui.

Yaguel Didier : A un moment donné, je vois autour de ce personnage comme une bataille, presque une bataille de rue. Je vois du sang, des cadavres. Ce n'est pas une guerre actuelle, avec une profusion de moyens, des bombardiers, etc. Je vois plutôt une foule énorme de chevaux, un art de se battre archaïque, comme si c'était au sabre... Je vois une tête qui est coupée (*après avoir tué Goliath, David lui trancha la tête avec son cimeterre de bronze*), qui tombe, qui roule. On a coupé la tête à ce personnage ?

— C'est lui qui a coupé une tête !

Yaguel Didier: Je vois vraiment une tête coupée. Je vois tout d'un coup un visage sans yeux, des trous à la place des yeux. Je suis tiraillée entre deux impressions. Un côté violence, guerre, batailles, et un côté mystique. C'est quelqu'un de sanguinaire. (« *Saül a tué des milliers, et David des myriades* », *ce qui rendait Saül fort jaloux.*) Cet homme pour régner ou pour exister a besoin qu'il y ait sacrifice humain. Le sacrifice de milliers et de milliers de vies. Mais au départ, il n'aurait pas dû avoir la place qu'il a eue. (*Le roi Saül s'étant montré infidèle à Yahvé, il périt à la bataille de Gelboé contre les Philistins. « Et Yahvé transféra la royauté de David, fils de Jessé »*, *qui n'avait à l'origine aucun espoir d'être roi.*) Au départ, quelqu'un d'autre devait tenir son rôle. Lui, à l'origine, était plutôt un être voué à l'esthétisme (*David avait été amené à la cour du roi Saül pour distraire la neurasthénie de celui-ci par ses psaumes et sa musique*), la beauté, les arts. Il se destinait à cela. Et puis, le destin fait que... Très curieux, les histoires de maladie et de mort autour de cet homme. On dirait que tout meurt autour de lui. Je le vois assis sur une sorte de trône, un grand siège carré... Je vois des écrits sur cet homme, des livres, des poèmes, j'ai l'impression que c'est quelqu'un complètement dans l'art, dans la création, les écrits. Ou alors on a beaucoup écrit sur lui (*En dehors des psaumes qu'il a écrits, plusieurs livres de la Bible sont consacrés à David.*) Je suis troublée parce que j'ai l'impression qu'une représentation de ce personnage existe dans un endroit, et une dans un autre, qui sont complètement différentes. (*Un David différent, en bronze — une réduction peut-être du colosse — fut exécuté à la même époque par Michel-Ange pour la seigneurie de Florence. Achevé en 1508 et destiné à être offert au maréchal de Gié, il fut égaré à la suite de circonstances politiques et l'on ne sut jamais ce qu'il était devenu.*) Et que... c'est taillé dans la pierre, c'est dur, c'est froid... Et moi je vois cet homme qui taille dans la pierre.

— Pouvez-vous nous parler de lui ?

Yaguel Didier : Je vois très bien ce personnage. Je vois quelqu'un de massif, de fort, de puissant, de sombre. C'est le Maître avec un grand M. C'est une image : il devient énorme, énorme, alors que des élèves autour de lui discutent, et il édicte ses règles et ses lois. Curieusement, c'est quelqu'un qui, en dehors de sculpter, de peindre... Je vois un grand ciel devant lui et des étoiles, comme s'il regardait le ciel avec un télescope. (*Michel-Ange était florentin, et féru d'astrologie.*)

Je vois quelque chose d'énorme, une chapelle, et je vois ce personnage, je vois des voûtes (*la chapelle Sixtine, évidemment*). Ce personnage a une barbe et des cheveux longs, est vêtu d'une chose ample, drapée. Il a des élèves autour de lui, on dirait qu'il enseigne quelque chose. Je vois des livres, des écrits, des dessins. C'est un personnage ambigu parce qu'il y a une femme et peut-être des enfants, mais d'un autre côté il a un fort penchant pour les hommes. (*L'homosexualité de Michel-Ange est un fait établi.*) Je le vois entouré d'hommes. Je vois dans sa main un crayon, d'une couleur un peu grise, pas un crayon, peut-être un stylet... Il est vieux. Il a dû mourir très, très vieux. (*Michel-Ange est mort à quatre-vingt-neuf ans.*) Ce personnage est marqué par deux régimes politiques, navigue entre les deux, entre deux pays ou deux villes. (*Michel-Ange a passé sa vie entre Florence et Rome, entre les Médicis et les papes.*) En même temps, il est protégé par les personnages les plus contradictoires. Ce peut être l'Eglise comme un roi ou un prince, et ils peuvent se battre les uns contre les autres, et lui, curieusement, est au milieu, règne et fait l'unité de tous à travers son œuvre. Cet être a fini sa vie dans l'ascétisme, bien qu'il eût un fort penchant pour les hommes, s'entourât de garçons, de jeunes garçons (*Tomaso Cavalieri*)... J'entends des chants... Je vois des églises et j'entends des chants religieux, et je vois un pape près de lui. Il y avait des papes autour de lui ?

— Oui. Combien en voyez-vous ?

Yaguel Didier : Au moins trois. Deux se suivent de très près. (*La longue existence de Michel-Ange a connu les règnes de onze papes ! Jules II fut le plus important. Il lui commanda, entre autres, les fresques de la chapelle Sixtine... Les papes qui se succèdent de très près sont Marcel II et Paul IV. En avril 1555, l'élection de Marcel II compromit le maintien de Michel-Ange à la tête des travaux de Saint-Pierre-de-Rome. Mais il ne régna que vingt-deux jours ! Et son successeur, Paul IV, confirma aussitôt Michel-Ange dans ses fonctions.*) Je vois bien le deuxième... Mais le personnage avait une maladie hépatique : il est vert, il est jaune, de toutes les couleurs... Très malade, il avait un ictère... Un teint un peu cireux. Il était fort, puis a maigri. Il est vieux, c'est un génie. Il a démarré très jeune. La musique, les écrits, la poésie, la sculpture, son art a vraiment traversé les siècles, et il a fait l'unité entre l'Eglise et la royauté... Je pense à deux pays latins plutôt du sud, une péninsule, l'Italie. Je pense à un personnage de la Renaissance, je vois des costumes de la Renaissance. (*Michel-Ange dessina la tenue des gardes suisses du Vatican.*) Mais il est italien : il me parle en italien ! Je vois des cordages, des échafaudages... Je sais qui c'est : Léonard de Vinci ?

— Non ! Ce n'est pas lui !

Yaguel Didier : Je continue, je me sens bien avec lui. Toujours ces images d'église, de chapelle, et son équipe de jeunes dedans. D'un côté, je vois dans la représentation artistique quelque chose d'extrêmement chargé, de très précis, de très allégorique, de très, très chargé, et après, il en vient à un dépouillement extrême, presque une nudité. Je ne sais pas s'il a représenté des personnages nus ou s'il faut le prendre de façon symbolique, mais au départ son style est très chargé et après a quelque chose de très dépouillé... Il a des jambes bizarres. Ce n'est pas un athlète sublime et bien fait. Il a quelque chose d'abîmé dans une jambe : il a dû avoir un accident aux jambes... (*Le 15 décembre 1540, tombé de l'échafaudage du* Jugement dernier, *Michel-Ange s'est blessé gravement à une jambe.*) J'entends autour de lui de la musique religieuse, des chants, des voix. De son temps, il a été glorifié plus que rois ou papes. De par son art, il avait un pouvoir immense et il a laissé, grâce à la force de son œuvre, plus que les autres. Je vois une école scindée en deux mouvements. Il a des mains sublimes, sublimes. Tout ce qu'il touchait était fin, fin... Vous voulez son enfance ?

— Pourquoi pas ?

Yaguel Didier : C'était un enfant très tardif, lent au départ à dominer les choses de la vie courante. Il n'est pas seul, il a des frères et sœurs. Il a un père ou quelqu'un très près de lui déjà dans l'art. (*La nourrice de Michel-Ange était fille et épouse de tailleurs de pierre, fait déterminant, selon lui, dans sa vocation.*) Et qui l'initie. Quelqu'un crée autour de lui, le prend avec lui, encore petit garçon. Sa mère l'aime bien mais ne s'occupe pas vraiment de lui. Je le vois près d'un homme, dans un entourage d'hommes : c'est peut-être un maître, un précepteur. Je crois que c'est un génie. Son génie s'est révélé entre huit et treize ans. Mais déjà à six ans (*à six ans, il perd sa mère. Lorsqu'il a treize ans, son père, réticent mais résigné à le voir peindre, le place en apprentissage dans l'atelier des peintres Domenico et David Ghirlandaio*), quelque chose marque sa vie très fortement. Puis ensuite vers sept, huit ans, et aussi à treize ans. Il a appris à lire très vite. Il parle plusieurs langues... Mais il a été très amoureux de cela, de ce qu'il a sculpté là. Amoureux de l'image que vous me soumettez.

Commentaire

Ce génie de l'humanité que fut Michel-Ange est parfaitement cerné, en ses divers aspects, artistiques, historiques, humains et amoureux, par Yaguel Didier... même si elle le prend en cours de route pour Léonard de Vinci !

Un portrait
de William Shakespeare

On connaît les grandes lignes de la vie de Shakespeare, et jusqu'aux détails de ses dates et lieux de
naissance et de mort. Néanmoins, on ne possède
aucun portrait absolument authentique de lui, ni
aucun manuscrit qui puisse être authentifié comme
ayant été écrit de sa main. Son personnage présentait
tant de mystères qu'on en vint à douter de son
existence. On soupçonnait que sous le fictif Shakespeare, inventé de toutes pièces, se cachait un autre
personnage, véritable auteur de ses chefs-d'œuvre et
qui avait voulu garder l'anonymat. On avança les
noms de Marlowe, du chancelier Francis Bacon et
d'autres.

On soumet à Yaguel Didier une édition courante de Hamlet, *dans une enveloppe scellée.*

Yaguel Didier : Il est anglais ? Je vois un Anglais... On l'a représenté en homme un peu fort dans l'imagerie populaire. Mais, en fait, il est petit et mince, pas grand, fluet... Est-ce un homme de théâtre ? Je vois des pièces de théâtre. Je vois des théâtres... Cet homme a écrit aussi bien des tragédies que des comédies... Il est mort à la suite d'une longue maladie, brusquement.

C'est un gratte-papier... Le nom porté sur le livre que je tiens n'est pas son nom véritable. Je vois un monsieur petit, un rat de bibliothèque... un homme pas très grand, grisonnant, un peu phtisique. En tout cas, il est anglais.

Cela se passe en Angleterre, j'ai l'impression d'un personnage solitaire, qui gratte, qui gratte, gratte du papier... Il a écrit sous un pseudonyme.

Au départ, il exerçait une profession où il était malséant d'écrire ; on ne l'aurait pas pris au sérieux.

Extrêmement timide, timoré, il s'est projeté complètement dans ce qu'il écrivait, il avait du génie...

Anonyme, il a toujours été... dans les coulisses de
quelqu'un d'important... Je vois des scènes devant
moi... je sens... Voilà le phénomène type de réincarnation. Dans sa vie présente d'écrivain, il n'était pas
grand-chose, mais dans une vie antérieure c'était
un personnage extraordinaire... C'est vraiment une
réincarnation pour moi. C'était un génie du verbe,
du mot. Je ne sais pas si son théâtre est un théâtre
de visionnaire, mais lui est un visionnaire.

Il a été très aidé, oui, très aidé. Le livre que je
tiens a été publié bien après qu'il l'a écrit... Un
personnage important l'a aidé à publier tout, mais
beaucoup plus tard de son vivant. Lui écrit, met ses
écrits dans des tiroirs, sans quitter son bureau.

Un homme de cour l'a aidé, beaucoup aidé...

On dirait que ses pièces ont d'abord été jouées ou
lues à la Cour, en petit comité... Oui, au départ,
c'était dans un petit théâtre.

Ce personnage important qui l'aidait était duc.
J'entends « Norfolk »... sans en être sûre ! Le duc de
Norfolk ? Un ami du duc de Norfolk ? *(Thomas III,
duc de Norfolk, favori d'Elisabeth Ire et rival du
comte d'Essex ?)*

Le succès a démarré à Londres, lancé au départ
grâce à des gens de la cour. On savait que l'auteur
était un inconnu, mais qu'il était appuyé par ce duc...
Je crois même que le duc a trouvé un pseudonyme...
Ce pseudonyme est la contraction de deux noms : le
nom et le prénom de l'auteur...

L'auteur, lui, ne s'est jamais montré, il est resté
un rat de bibliothèque, une petite souris. Et je ris,
parce que je vois le personnage grand et fort décrit
par l'imagerie populaire après sa mort, dont on a
écrit la biographie, qui a été porté au cinéma toujours

grand et fort... alors que c'était un tout petit personnage, un petit bonhomme...

Il ne voulait absolument pas se montrer, il ne voulait pas qu'on sache qu'il était l'auteur des pièces, cela lui était égal... Cela l'amusait même... c'était presque une vengeance.

Cet homme, cet auteur, était le bâtard d'une famille importante... Son père était un personnage, mais sa mère était une servante. Il a été élevé par sa mère, tout en sachant sa vraie identité. Mais il ne fallait pas qu'on sache, ailleurs, qui il était... En revanche, ce duc qui l'a aidé, lui, savait...

De son vivant, ses pièces ont été jouées à la Cour. Mais le vrai succès est venu bien plus tard.

Le duc qui l'aidait était un érudit, très fin, connu pour son esprit, son humour. C'était un personnage extraordinaire. Il avait fait un « pacte » avec l'auteur... je vois un pacte d'amitié, entre eux... L'auteur est en train d'écrire à la main, évidemment, et à la chandelle... je le vois en train d'écrire...

Il est mort vieux, pour l'époque, à cinquante ans...

Garder l'anonymat était pour lui une forme de vengeance. Il y a de la vengeance dans ses pièces ? Beaucoup de violence ? C'était sa façon de... comment dit-on ? d'exorciser son sort, sa bâtardise.

Cet homme n'a jamais voulu apparaître en public, n'a jamais voulu se montrer... La mystification du personnage de l'imagerie populaire a été montée. Mais ce n'est pas lui... C'était un cousin à lui ou quelqu'un de sa famille. Lui a été l'être de l'ombre... Il a écrit des tonnes de choses... A-t-il écrit aussi des poèmes ? Je vois des pièces de théâtre, mais aussi des poèmes extraordinaires... C'est là qu'il a trouvé sa véritable dimension lyrique, sa vraie nature. Je sens qu'il n'a pas pu toujours les finir...

Près de cet homme, il y avait une femme. Elle n'était pas vraiment sa femme, c'était une concubine. Cet homme n'a pas eu d'enfants... Il vivait avec cette femme, bonne ou gouvernante, toute à sa dévotion. Elle « savait » d'ailleurs.

Lui était d'autant plus amer qu'il était le bâtard d'une famille huppée, ducale — princière peut-être ? Ses manuscrits ont été récupérés par ce duc qui l'aidait, et par les enfants de ce duc... à cause du pacte entre ce duc et lui.

A-t-il laissé des traces en Ecosse ? Je vois quelque chose en Ecosse, ou à l'est de l'Angleterre... L'Ecosse, Norfolk... c'est la province de Norfolk. Il n'y a pas d'erreur possible. Là, on peut trouver, peut-être, des traces... et encore... cela se serait dit... il s'est trouvé là. C'est un gratte-papier, un rat de bibliothèque... Il a été pris en considération tout jeune, vers l'âge de quinze ans, par ce duc... Il était protégé par cette famille ducale ou princière...

Lui-même était très secret, fermé, bougon...

Il vivait à la campagne... Au départ, il vivait dans une ville... mais à l'époque, les villes n'étaient pas vraiment des villes. Aussi ai-je l'impression de campagne et de ville en même temps...

Il était très frileux... Je le vois en train de gratter son papier... A-t-il écrit des pièces où il se moquait de l'aristocratie ? *(Henri IV, Richard II, le Roi Lear, etc. ?)* C'était sa façon de se venger... Même pas vraiment de se venger, il était au-dessus de cela.

Cet homme était un grand mystique, un grand poète, il avait un don d'écriture extraordinaire... Il était complètement inspiré. Bien que complètement pris en charge financièrement, il a vécu dans la pauvreté, avec très peu d'argent...

Il a commencé à écrire très, très jeune. Je le vois pris en charge à l'âge de quinze ans, protégé à l'âge de quinze ans par cette famille ducale... Ce pourrait être un lien avec son père... mais sans que ce soit vraiment avoué. J'entends : « Ils avaient le devoir de s'occuper de lui. » C'est la même famille que son père, mais pas la famille directe... Un oncle ou un cousin s'est occupé de lui, plutôt que son père.

Il était aussi chétif qu'intelligent... On le considérait comme un enfant surdoué. Il a commencé à écrire à l'âge de huit ans et ses premières pièces, à quinze ans.

Il adorait la pluie... Je le vois sous la pluie.

Les descendants de cette famille ducale savent... mais pas vraiment, parce que la vérité a été noyée. C'est là, vers Norfolk, qu'il faut aller pour trouver... Mais il n'y a pas de traces, aucune trace... Une légende court dans la famille, un « ouï-dire », un « on m'a dit que ».

Sa mère ou son père, un des deux, a un prénom qui commence par M... Lui avait un prénom qui était aussi un prénom de femme... comme Anne ou Claude.

Il avait une écriture toute petite, pointue. Il écrivait très serré... Je pourrais imiter son écriture, si vous le voulez. Effectivement, il n'a laissé aucune trace... Il y a bien des tas de documents, mais ils ont brûlé... Je vois un château, qui abritait tous les manuscrits, en feu.

Au départ, ses pièces sont jouées à la Cour, et puis on n'en parle plus. Bien des années plus tard, elles ont été remises à la mode... Peut-être un siècle plus tard... Quelqu'un est tombé dessus, comme si une maison d'édition, tout d'un coup, avait trouvé ces manuscrits et les ressortait. Je me demande si ce n'est pas la famille en question qui est intervenue.

Il n'a laissé aucune trace derrière lui... Il n'a pas eu d'enfants, il était fils unique. Sa mère est morte jeune... son père l'a rejeté. Il a été recueilli par cette famille ducale... Il n'y a rien... il n'existait pas...

— On a soupçonné que, sous le nom de cet auteur, se cachait un personnage important. Dans la liste des « candidats », y a-t-il le duc qui l'a aidé ? A-t-on soupçonné ce duc d'être l'auteur ?

Yaguel Didier: Oui, absolument. Il a bien été soupçonné, parce qu'on savait qu'il s'intéressait à l'auteur.

— Vous êtes sûre que c'est un duc ?

Yaguel Didier: Il avait peut-être un autre titre, mais, en tout cas, il portait un titre nobiliaire. Il avait trois filles... peut-être un fils, mais en tout cas trois filles... à la limite quatre. Il aimait la chasse, la campagne. Il vivait sur ses terres... c'était un homme extraordinaire.

— Sachez qu'il s'agit de Shakespeare. Celui-ci a dédié ses poèmes à quelqu'un dont on ignore l'identité. Etait-ce à ce noble qui l'a aidé ?

Yaguel Didier: Absolument, c'était à lui. Il était vieux, ce noble qui l'a aidé.

Il *(Shakespeare)* est extrêmement solitaire, extrêmement fermé... Cette famille qui le protège est une grande famille, très puissante. Mais il fallait tout cacher sur lui... Même les proches ne savaient pas. Très peu de gens étaient au courant.

... 1564 ou 1565, c'est soit sa date de naissance, soit la date... où il a commencé à écrire, ou encore la date de sa mort. Je vois entre le 3 et le 16 novembre 1603... tout d'un coup, je sens cette date très fortement... C'est une date importante. *(Mort d'Elisabeth Ire d'Angleterre.)*

Il adorait la musique, je le vois en train de jouer du piano... non, de l'épinette, j'entends des notes... Il savait ce qu'était la Cour. Il a écrit certaines pièces sur la Cour, la politique... presque tout.

Affilié d'origine à une famille en vue, il a pu écrire à merveille sur ce monde...

Autre date importante pour lui, le mois d'avril. *(Baptême de Shakespeare le 26 avril 1564, mort le 25 avril 1616.)*

Je le vois en train de grelotter dans une petite pièce... Il écrit à la chandelle... Il ne dit pas un mot, il ne parlait pas. Sa vie, c'était l'écriture... Il a vraiment écrit beaucoup de choses. Je vois comme une espèce de dictionnaire, ou d'encyclopédie, un livre très épais en tout cas... Ses pièces, à l'époque, ont-elles été reliées dans un même volume ? Je vois un énorme livre, dans lequel tout est contenu.

Un pauvre homme, une vie sèche, totalement sèche... Il s'est complètement projeté dans ses écrits... Sa vie n'était que l'écriture...

Il est très marqué par l'Italie, parce que ce noble, cette famille qui l'hébergeait, recevaient souvent des gens qui revenaient d'Italie et rapportaient des choses de là-bas. *(Les pièces « italiennes » de Shakespeare sont nombreuses :* Le Marchand de Venise, Roméo et Juliette, les Deux Gentilshommes, *etc.)*

Commentaire

D'après Yaguel Didier, William Shakespeare aurait été un bâtard inconnu, issu d'une noble et puissante famille, et soutenu par un de ses proches parents. Le nom de Norfolk est cité à plusieurs reprises.

Le plus surprenant est sans doute la description de Shakespeare : un gratte-papier, chétif et sec, à l'opposé des portraits « officiels » de l'auteur d'*Hamlet*. *A priori*, on peut penser qu'il s'agit d'un copiste capté par la voyance et non du dramaturge. Mais que penser de l'interprétation de Yaguel Didier qui insiste sur une réincarnation de génie, véritable visionnaire ?

Il est exact qu'aucun des manuscrits originaux n'est parvenu jusqu'à nous. Yaguel Didier mentionne un château qui prend feu : s'agit-il du Théâtre du Globe, qui brûla, le 29 juin 1613, en un peu plus d'une heure ?

Quant aux dates citées, on constate l'importance du mois d'avril dans la vie de Shakespeare, et celle de novembre 1603, année de la mort de la reine

Elisabeth Ire au cours de laquelle sa compagnie est devenue la Compagnie du Roi.

Retenons surtout cette dualité du personnage, obscur, vivant solitaire dans une pièce glaciale d'un château par suite d'un « pacte » avec un haut dignitaire, et ce dramaturge, poète génial, dont la connaissance du cœur humain dépasse l'imagination.

Nostradamus

Michel de Nostradamus, dit Nostradamus, médecin et astrologue, est né en Provence en 1509 et mort en 1566. Issu d'une famille juive convertie au catholicisme, il étudia la médecine à Montpellier. Il acquit une grande réputation par sa science et le dévouement qu'il montra pendant plusieurs épidémies dans le midi de la France. Mais en butte à ses confrères jaloux de ses succès, il choisit la retraite et écrivit l'ouvrage qui devait lui valoir une célébrité universelle (*Centuries*). Affirmant avoir reçu le don de prophétie, il composa des prédictions dans des quatrains hermétiques, dont il publia sept Centuries à Lyon en 1555. Cet ouvrage, au style énigmatique, où l'imagination peut trouver tout ce qu'elle y cherche obtint d'emblée un succès foudroyant.

Catherine de Médicis l'attira à la Cour, lui faisant faire l'horoscope des jeunes princes et lui prodigua mille faveurs.

Charles IX, de passage en Provence, visita Nostradamus, lui remit deux cents écus d'or et le nomma son médecin ordinaire (1564).

Nostradamus mourut à Salon-de-Provence. Son tombeau se trouve dans l'église des Cordeliers.

Ses prédictions ont connu une fantastique postérité qui, loin de se démentir aujourd'hui, redoublent de faveur auprès d'un immense public.

On soumet à Yaguel Didier, sous pli cacheté, une édition des prophéties de Nostradamus.

Yaguel Didier : J'ai l'impression, tant c'est fort, que c'est quelqu'un de beaucoup plus fort que moi, qui a une puissance incomparable. Par rapport à moi, je me sens prise dans quelque chose de très, très fort. Mais c'est quand même assez vieux. Je vois un personnage doté d'une puissance psychique extraordinaire. Je vois des étoiles autour de lui. Cela a au moins trois cents ou quatre cents, peut-être cinq cents ans, je ne me rends pas compte, mais cela me paraît très lointain. C'est quelqu'un dont le visage est dessiné au couteau. Il tient dans ses mains une boule qui pourrait représenter le monde, la terre, ou les étoiles. Il a à ses côtés une femme ; il est très marqué par cette femme. On dirait qu'elle est sur un trône (*Catherine de Médicis*). Peut-on dire qu'à un moment de sa vie, cet homme a été aux côtés de personnages assis sur un trône ou des trônes ?

— Oui.

Yaguel Didier : J'entends : « Je vous dis la vérité. »
Donc, c'est un homme qui parle, c'est un homme de
paroles, c'est un homme de mots, c'est un homme
de verbe. Il s'exprime — évidemment par des mots
— mais ce sont des mots très particuliers. Pour moi,
c'est un écrivain sans être un écrivain. C'est un poète
sans être un poète. Et c'est un homme qui en même
temps exerce des fonctions — je ne dis pas politiques,
mais parapolitiques. Cet homme vit à un moment
donné, caché, au secret, en ermite. C'est comme s'il
y avait des choses cachées, secrètes à son encontre,
des choses qu'il ne peut dire, et qui sont cachées
quelque part. Je sens l'idée de mystère. En même
temps, cet homme, dans ses écrits, est un visionnaire,
quelqu'un d'inspiré et de très poète. Il a une barbe.
Il porte une robe longue. C'est un sage. Je vois des
membres très fins, je vois ses mains qui bougent
comme cela, il écrit. Il écrit évidemment à la plume
d'oie. Beaucoup de monde circule autour de lui, et
en même temps c'est un homme de l'ombre, du
mystère, du secret. Un homme, dirais-je, ésotérique.
C'est un homme en tout cas qui a une connaissance
ésotérique, ou cabalistique. Je dirais même astrologique, parce que je vois des étoiles autour de lui, des
dessins de planètes et d'étoiles. Et en même temps
c'est un magicien. Il y a ce pouvoir occulte, d'un
côté, et puis il y a un pouvoir, un pouvoir... presque
royal. Cet homme est en balance, il est fragilisé dans
son travail par un pouvoir qui exige... je ne sais
pas quoi — et qui l'empêche en même temps de
s'exprimer ! C'est un homme brimé. Il y a des
fanatiques autour de lui, surtout une femme, une
femme en noir, une femme étrange. Elle doit porter
un bonnet sur la tête, il a quelque chose sur la tête,
lui aussi. Cette femme à côté de lui est un peu forte.
C'est curieux, je le vois petit garçon. C'est un petit

gamin qui court dans la nature. Je vois des collines ou de petites montagnes. Je vois des animaux autour de lui, une vie assez sauvage. Il vit très simplement. D'un côté, il y a cette vie rurale, très simple ; et d'un autre côté, il est proche du pouvoir. Mais c'est bien plus tard. Qu'il est fort, votre personnage ! J'entends décrypter, cryptage, crypter. J'entends : « Des générations entières se pencheront mais ne comprendront. » L'air de dire : « se pencheront sur mes écrits et n'y comprendront rien ». C'est un homme qui travaille le soir, la nuit. C'est un heureux petit garçon. Je le vois dans son enfance, le reste est si lourd que j'ai besoin de me... Son destin a basculé grâce à une femme, ou à cause d'une femme. Cet homme écrit, écrit, écrit, je le vois penché la nuit sur des écrits, il travaille à la bougie. Il fait sombre, je vois une petite pièce. Il a vécu très, très simplement dans les débuts de sa vie. J'entends : « Mes écrits, ne comprendront » ?

Il n'est pas arrogant du tout, mais je suis emportée par sa force, sa puissance, et je me sens une petite chose prise dans une spirale. Il a été mêlé à des guerres ou à une guerre terrible (*les guerres de Religion*). A-t-il été mêlé à une guerre ? Autour de lui il y a des assassinats, des morts (*Henri II, dans un tournoi*), des batailles. Une femme pleure, le supplie. J'allais dire une chose idiote peut-être : « Cet homme est immortel. » L'immortalité est sur lui, comme une forme de pensée. Il a été très protégé par une femme qui, quand on veut l'approcher, fait barrage. A un moment donné de sa vie, cet homme a vécu non pas une histoire d'amour, mais a été protégé par une femme. Cette femme, quand j'essaie de l'approcher, fait barrage ; jalouse de ses prérogatives, elle interdit qu'on l'approche. Est-ce possible ?

— Oui.

Yaguel Didier : Je vais essayer de la contourner. C'est une sacrée bonne femme. Cette femme est comme un homme. Elle a une force terrible, elle est entourée d'hommes. Comme elle a pleuré, cette femme ! Elle est tout en noir et j'imagine que c'est une reine, parce qu'elle a une couronne sur la tête et est assise sur un trône. Cette femme est étrangère ou parle avec un accent étranger, rocailleux (*Catherine de Médicis était née à Florence*). Elle n'écrivait guère, car elle avait tout dans sa tête, véritable caisse enregistreuse, au cerveau en forme d'ordinateur. Cette femme se méfiait de tout et de tous. Je la vois comme une sorcière, je vois des cornues, des manières de sorcière, elle a un côté « bouillon de sorcière ». Je sens des odeurs de plantes. Je vois un endroit avec des murs de pierre très épais, je vois un château fort. On descend des escaliers en colimaçon, et là je vois un endroit nu, très sobre. Un homme — je ne sais pas si c'est mon homme — dort sur une paillasse, puis se met en prière. Il est l'image même d'une foi très vive. Je vois un homme qui fait des comptes, qui calcule, qui mesure. Le destin de cet homme, sa vie entière est séparée en trois temps, trois grandes phases. Est-il mort très vieux ?

— Oui.

Yaguel Didier : Oui, c'est un vieil homme. Il a des mains toutes maigres. Il a perdu toutes ses dents à la fin de sa vie. Non, je ne vois plus ses dents. C'est noir. Il est presque aveugle, des gens écrivent pour lui, sous sa dictée. On dirait qu'il réécrit plusieurs fois des choses en les changeant, en les transformant. A un moment donné, je vois une sorte de tribunal devant lui, je vois des hommes d'Eglise, bref un tribunal religieux, des ecclésiastiques. C'est une condamnation, comme s'il y avait procès. Peut-on dire qu'il a été mêlé à un procès ? Je sens cela comme un tribunal. Comme si cet homme, à un moment donné, avait été obligé de se cacher.

Cet homme est un extraordinaire mathématicien, fait des calculs fabuleux, et il est en même temps un grand initié, quelqu'un de très religieux, très mystique. Curieusement, à l'opposé de cela, il a un côté courtisan, parce qu'il a besoin du soutien de ces personnes puissantes (*le duc de Savoie entreprit un voyage en Provence à seule fin de le rencontrer*). Il est obligé de jouer un jeu social. Il a été condamné ou a failli être condamné, et a été sauvé de justesse. Plusieurs fois il a failli plonger dans quelque chose de très périlleux, et puis on l'a rattrapé. Pour travailler, il fouille dans de vieux écrits. Je le vois tourner des pages de parchemin, de vieilles choses, qui remontent très, très loin. Il décrypte de très vieux messages, et c'est aussi un grand médium, un visionnaire. Je vois un gros livre, épais, je le vois tourner des pages et des pages, de vieux livres. L'écriture est un peu effacée. On se bagarre ferme autour de lui, entre gens qui ne sont pas d'accord. On dirait qu'il ricane, il s'en moque. Cela le fait sourire. C'est comme si, à un moment donné (c'est une image), on avait voulu le jeter dans les flammes de l'enfer. Comme s'il était pour certains le diable en personne. Je vois des flammes, je vois l'enfer, on essaie de le pousser dedans mais on ne peut pas. L'Eglise, à un moment donné, est tout à fait opposée à lui. Peut-on dire cela ?

— Oui.

Yaguel Didier: Très protégé, il traverse le temps et même les siècles. J'entends : « Je suis trahi. J'ai été souvent trahi. » C'est comme si j'entendais : « Car nul n'a compris ma pensée. » J'entends le mot « initié », j'entends le mot « secret ». Il ne parle pas, il écrit. C'est peut-être une image symbolique : il a un sceptre et il y a la lune, les étoiles, la terre. Du monde circule autour de lui, dans une sorte d'éternité. J'ai l'impression de quelque chose d'éternel, qui continue et qui part. Il y a quelque chose d'infiniment poétique en lui. Il a de tout petits yeux, très enfoncés, très noirs. Il est un peu jaune, très maigre, il a des cheveux longs, gris. A-t-il une tonsure sur la tête ?

— Nul parmi nous ne le sait.

Yaguel Didier: Il écrivait d'une toute petite écriture, très fine. Je vais décrire une scène que je vois, de sorcellerie ou de magie. Je vois des poulets qu'on égorge et du sang qui coule. Je vois un sacrifice d'animaux.

Cet homme est un extraordinaire initié. C'est un sorcier. Je vais vous dire: c'est quelqu'un qui manie des forces et des énergies très fortes. Il y a des choses déformées, des choses incomprises, mal interprétées, mal intégrées ou mal faites. En même temps, autour de tout cela, une paranoïa, une folie s'empare des gens. Il y a un côté paranoïaque, presque apocalyptique à cause de lui. Mais ce personnage était très opposé à l'Eglise. Il a plu, a voulu plaire et a contrarié beaucoup de gens. Il fut toujours sur le fil du rasoir, comme un funambule. Très malin. Mais tout ce qu'a fait cet homme a été secret, caché, faussement public. Vous pouvez me poser des questions.

— Quel était son rôle ?

Yaguel Didier: A un moment donné, il joue un rôle social, et paradoxalement il joue un rôle tout à fait occulte. Il a fallu qu'il séduise, qu'il plaise. Il a deux faces: il est vraiment deux personnes. Il y a l'homme qui est dans la nécessité, dans l'obligation de faire des choses, et l'autre qui est dans sa vérité à lui et qui demeure incompris. Vous pouvez me répéter la question ?

— Quel était son rôle ? Il était sur terre à quelle fin ?

Yaguel Didier : Comme une espèce de prophète. Je sais qui c'est : Nostradamus.

Commentaire

Yaguel Didier ne cesse d'être en étroite intelligence, et par moments en communication directe, avec Nostradamus dont elle dresse un portrait très fidèle, dans une joute étonnante avec sa protectrice jalouse, Catherine de Médicis, qui s'attacha ardemment à lui.

La mort tragique de Henri II, tué involontairement en tournoi par le comte de Montgomery, capitaine de la garde écossaise, mit le comble à la réputation de Nostradamus. Chacun fut persuadé qu'il avait prévu cette fin horrible lorsqu'on relut dans le 35e quatrain de la première Centurie astrologique les vers suivants :

> *Le lyon jeune, le vieux surmontera,*
> *En champ bellique par singulier duel,*
> *Dans cage d'or les yeux lui crevera :*
> *Deux classes une ; puis mourir, mort cruelle.*

La disparition de Mozart

Mozart mourut à Vienne en 1791, à trente-six ans. Cette mort si jeune souleva des questions. On soupçonna que le compositeur avait été empoisonné par un concurrent jaloux de son talent, Salieri, ou par des membres de la franc-maçonnerie à laquelle il appartenait et dont il aurait indirectement révélé certains secrets. L'étrange est que son cadavre disparut et ne fut jamais retrouvé.

Une enveloppe scellée contenant une brochure sur la musique de Mozart est soumise à Yaguel Didier.

Yaguel Didier : Je vois des petits enfants qui courent autour de lui... J'entends « XVIIIᵉ siècle ».

Il est assez rond de visage, ou ses traits sont arrondis, assez jeune. Jeune, jeune. Quelqu'un de jeune, un joli visage... Il avait une sœur, ou une demi-sœur, une petite fille auprès de lui, plus jeune que lui. Et je le vois prendre cette petite fille avec des rubans, dans ses bras... Il la fait tourner. (*En fait, W.A. Mozart était le dernier d'une famille de sept enfants.*)

Il y a un côté romantique, extrêmement romantique. Je vois de jolies maisons, de jolis décors, de jolis jardins... Tout est joli, tout est frais...

Y a-t-il eu des muets dans sa famille ? Ou des gens qui ont eu des problèmes de langage ? Ou alors, c'était quelqu'un de tenu au silence. Parce que je vois le blocage sur la parole, peut-être symboliquement.

Quelqu'un ne pouvait plus parler, ou ne devait pas parler. Il y a le silence, un silence nécessaire. Il y a une question de mutisme, au sens propre ou figuré.

Son adolescence est merveilleusement calme et perturbée en même temps. Il naît avec beaucoup d'atouts. Puis tout est cassé et perturbé. Brusquement. Par des événements extérieurs liés à sa famille. Et liés à des troubles sociaux.

Etait-il un « littéraire » ? Parce que je vois qu'on a beaucoup écrit sur lui, ou qu'il écrit lui-même. Il écrit de sa main des manuscrits que l'on a gardés, en tout cas.

Il a eu un esprit très « voltairien ». Cet homme a été en contact avec les poètes, les écrivains, les peintres de son époque... J'entends beaucoup de musique... Il a eu des amitiés avec des musiciens... Je vois quelque chose de rose, de frais, d'enchanteur et j'entends des notes de musique... J'entends du piano. A-t-il joué du piano ? Il écrivait des notes. C'est un compositeur ! Je vois le piano. Je vois quelque chose de tellement romantique sur lui, de tellement joli. Il est enfant, il a des boucles, de jolies boucles, il est rose. Il adore sa mère. Il vit à une époque où tout peut se faire, où tout génie est mis en valeur et en lumière. Dans une époque de lumière. Et il est adoré par les gens de cour. *(Mozart fut fêté à Versailles comme un enfant prodige.)*

Son père et sa mère ont été très importants pour lui. Il a tout un relais familial qui le « structure », qui le pousse en avant. Il a une passion pour sa mère. Il joue du piano... J'entends des sonates, beaucoup de sonates, beaucoup de mélodies, des morceaux assez courts qui se jouent en société, à ses débuts.

Je vois un roi. Un roi l'a-t-il appuyé, aidé ? Des gens de cour ont été des appuis pour lui, mais surtout un roi. *(L'empereur Joseph II ?)*

Enfant, il rejetait certaines nourritures... Il était presque végétarien. Il n'aimait pas la viande. Il aimait les nourritures saines, les bouillies. Il était resté très enfant, avec en même temps une maturité géniale.

Je le vois petit enfant ; on l'assoit sur des coussins parce qu'il est trop petit. Je vois ses petits pieds s'agiter en l'air. Il avait alors un maître. Je vois un homme et une femme, mais surtout un homme, qui lui ont appris à faire ses premiers exercices. Il y a deux maîtres : l'un, un homme un peu fort avec des lunettes au bout de son nez, des lorgnons. *(Le claveciniste allemand J. Schobert que Mozart rencontra à Paris ?)* Un autre, tout maigre, un peu comme une souris. Les deux ont été très importants. Je ne sais pas si c'est le maigre ou le fort, mais l'un d'eux était génial *(Haydn ?)* Il a été adoré de ses professeurs. C'est un génie !

En voilà un qui était une réincarnation ! Il a connu grandeur et décadence. Il a eu des moments terribles, terribles, où il a souffert mille morts, où il s'est senti incompris, rejeté... J'ai l'impression qu'il a fait des erreurs sentimentales. Il s'est amouraché d'une femme qui n'était pas faite pour lui. Il s'est aussi énormément buté. Il s'est senti à un moment terriblement incompris. Il a connu douze ou treize ans d'horreur, très, très dur, où il mourait presque de faim. Il est mort dans la misère, ou dans le dénuement tout au moins. C'est un enfant, il est resté enfant jusqu'à la fin de sa vie.

Sait-on s'il buvait ? J'ai l'impression qu'il buvait... Il est mort dans une solitude totale, dans une incompréhension totale. Je dirais presque que cet homme

s'est laissé mourir. Il est mort jeune. Vers trente-
cinq ans, trente-trente-cinq ans. *(W. A. Mozart est
mort le 5 décembre 1791, à 35 ans.)* Il est mort dans
l'incompréhension totale et maintenant on crie au
génie. Bien sûr, il n'a jamais douté de lui. Il a douté
apparemment, parce que la vie le forçait à douter,
mais au fond de lui il était habité par le feu sacré. Il
était rongé par son art, je dis bien rongé, complètement habité... Pourquoi entends-je Lully ? Quel est
le rapport avec Lully ? On dirait que Lully l'a
beaucoup inspiré. Lully a été très important pour
lui. C'était bien avant lui... Mais je l'entends en parler
comme d'un inspirateur... A un moment, je le vois
écrivant de petits ballets, un opéra.

Il a grossi à la fin de sa vie. Il était bouffi. Non, ce
n'est pas évident. Ce fut un chérubin extraordinaire,
cet enfant a tout eu au départ, et à la fin il n'avait
plus grand-chose en main. Si ce n'est son art. Et son
œuvre. Mais il a été rejeté. Complètement. Il a eu
des ennemis. Des antagonismes terribles, terribles !
Il a été jalousé ! Mais c'est effrayant ! Et pourtant,
on a cru aussi à son génie... C'en était un, vraiment.

Il aimait les bosquets... il était vraiment un romantique... Je dirais qu'il est mort de chagrin. Totalement
incompris. A-t-il eu deux, trois enfants ? J'ai l'impression qu'il a eu des enfants. *(Mozart a eu six enfants,
dont deux seulement survécurent.)*

Il a connu la pauvreté, il l'a bien connue ! Il était
rongé par les ennuis, les soucis. Il n'avait pas de
quoi manger, à un moment donné... Il a eu les
bronches, les poumons, les voies respiratoires complètement brûlés. Brûlés par la phtisie ou par une
maladie semblable, complètement rongés. Il est brûlé
de l'intérieur, il part en lambeaux de l'intérieur. Cet
homme, à un moment donné, a souffert de la faim.
Et il est mort d'épuisement, rongé de l'intérieur.

C'est une mort naturelle, mais on l'a mené à la ruine morale. On l'a ruiné, moralement. Qu'est-ce qu'il avait comme ennemis ! Un ennemi en particulier, terrible, terrible, féroce... *(Salieri ?)* Il en eut deux. Le roi, à un moment donné, lui a tourné le dos. Je vois ce roi qui se tient devant lui, devant lequel il s'incline, et tout d'un coup le roi lui tourne le dos et s'en va. A un certain moment, on a rejeté son œuvre.

C'est fou ce qu'il a écrit. Il a écrit beaucoup plus qu'il ne reste, des tas de manuscrits ont été brûlés ou jetés, ou abîmés. Surtout oubliés. Il avait une espèce de délire musical, du délire, vraiment. Et il travaillait énormément la nuit. Il restait des heures et des heures devant son pupitre.

Il gênait. « Si vous faites trop parler de vous, on va vous embastiller. » Il gênait. Je ne sais pas pourquoi. Il ne se laissait pas faire. Il parlait haut et fort. En tout cas, il est mort naturellement. Quel génie !

Il a une femme qu'il a adorée. Et elle l'a adoré. Mais, à la fin, ils se sont déchirés, parce que...

Cet homme a beaucoup, beaucoup gêné quelqu'un jaloux de lui. Il est mort de tristesse. Il est mort rongé à l'intérieur, parce qu'il s'est senti complètement rejeté, incompris. Ce n'était même plus la misère financière qui le désespérait, mais la misère morale dans laquelle il se trouvait. Surtout cette incompréhension ; il était habité, il brûlait du désir de création. Il était dévoré par un feu intérieur. Symboliquement, je vois le feu. Le feu, qui, finalement, le brûle.

Sa femme l'a admirablement compris. Il a eu une femme extraordinaire.

Je vois son corps brûler ; les brûlait-on à l'époque ? Trois jours après sa mort, son corps a disparu. Je vois trois jours après... Il s'est passé quelque chose d'insensé. Il y a eu erreur sur la personne. Son corps a été brûlé, et en fait il a été pris pour le corps d'un d'autre. Il y a eu erreur, je dis bien erreur, pas une substitution, mais une erreur à la morgue ou ailleurs. J'entends « erreur sur les corps ». Je vois brûler son corps par erreur. C'est pour cela qu'on ne l'a jamais retrouvé. On le prend pour quelqu'un d'autre, on se trompe... Je sens une odeur de brûlé. C'est une crémation volontaire. Pourtant, le clergé l'interdisait à l'époque.

Il était catholique. Mais est-ce que son corps n'a pas été mélangé à des morts d'autres religions ? Je vous jure qu'il y a erreur sur la destination. Son cadavre est amené à un endroit où il ne doit pas être. On s'est trompé de corps ! Et en plus, ce jour-là était une fin de semaine ; je vois des corps, des corps, des corps, qui se chevauchent, qui s'empilent. Et on l'emmène par erreur. J'entends : « Il ne restera plus que des cendres. » Et même sa femme ne l'a pas su. A la fin, elle s'est doutée de ce qui s'était passé ; elle aussi a été induite en erreur. Il y a eu erreur des croque-morts. Je vois le *funerarium* encombré, encombré ce jour-là... Mais, de là-haut, il s'en moque.

Il dit : « J'ai créé une œuvre, c'est là l'essentiel. » Il n'est pas réincarné. C'est Mozart ? Tout d'un coup, j'entends Mozart, Mozart. Il était à la campagne, pas dans une ville... Je vois une mauvaise destination.

Pourquoi parle-t-il tout le temps de Chopin ? Son esprit sans doute dit : « Vous retrouverez dans ses *Polonaises* des choses qui me sont propres. » Il dit : « Lui aussi *(Chopin)* est très doué. » Il *(Mozart)* était très doué en mathématiques. Il a eu des parents extraordinaires, une mère... ils l'ont aidé, l'ont fait travailler. Ses parents devaient être francs-maçons.

Cela venait de sa mère. Pourquoi entends-je « Georges », ou « Georgius » ? A l'époque se donnaient-ils des noms, des pseudonymes, les gens de la francmaçonnerie ? Parce que j'entends des prénoms, des noms latins. Il dit : « Dans cette secte, il y a un Georges ou un Pollus. » J'entends des noms latins. A côté de lui quelqu'un s'appelait Cicius ou Cassius. Il a l'air de dire qu'il a été très peu de temps francmaçon ou qu'il a donné très peu de son temps...

En fait, il était phtisique... Il n'a pas été empoisonné. Non, il est carrément mort de chagrin. Il est vraiment mort de chagrin, usé, abîmé. Il a dû très mal manger, manger n'importe quoi. Il ne dormait plus ; il buvait probablement, sans être un ivrogne. Et sa femme était très dure avec lui, tout en l'aimant beaucoup... Il est mort de chagrin. On ne l'a pas du tout assassiné. Je ne vois pas d'empoisonnement. C'est fini...

Commentaire

Le mystère de la mort de Mozart, après ce qu'on vient de lire, ne semble plus en être un. Yaguel Didier insiste à de nombreuses reprises sur la mort « naturelle » du musicien, écartant toute idée d'empoisonnement, même si elle a bien vu la haine, la jalousie dont Mozart était l'objet de la part de Salieri, musicien favori de Joseph II, qui redoutait de se voir supplanter par lui dans sa charge de maître de chapelle de l'empereur d'Autriche. En revanche, la disparition de son corps est troublante : après une malencontreuse substitution, le cadavre de Mozart aurait été brûlé. L'incinération était fort rare à l'époque, et ne se pratiquait que lors d'épidémies, ce qui n'était pas le cas en 1791. Néanmoins, voilà qui expliquerait la disparition de son corps.

Mozart, on le sait, était franc-maçon. Il avait été initié le 14 décembre 1784 à la loge « La Bienfaisance », à Vienne. Mais, ce qui est très curieux, la voyance suggère l'emploi de noms latins dans sa loge : « Georgius... Pollus... Cicius ou Cassius... ». Or il existait une obédience maçonnique « parallèle »,

l'« Ordre des Illuminés de Bavière », fondée le 1er mai
1776 par Adam Weishaupt, dont le but était de
pénétrer la franc-maçonnerie régulière. Dans les
loges de cet ordre, l'emploi de surnoms latins était
fréquent. Son fondateur lui-même avait pris le nom
de Spartacus et l'on peut y trouver aussi des Brutus,
Fabius, etc.

Mozart aurait-il été également initié ou affilié en
secret à cet ordre, qui ressemblait étrangement à
une « secte » ? Il serait intéressant de se pencher sur
cette question et de chercher des traces de ces
Georgius, Pollus et autres Cassius...

Le portrait de Mozart, tel qu'il apparaît ici, est
saisissant : un être génial, habité par sa musique,
acharné au travail (« Il a écrit beaucoup plus qu'on
le croit »), mais ayant connu des périodes terribles
de misère physique et morale.

Yaguel Didier insiste enfin sur le mal qui ronge
Mozart et qui va l'emporter prématurément, la tuberculose (la phtisie, comme on disait à l'époque),
aggravée par les privations qui ont marqué la fin de
sa courte vie.

Le vrai Louis XVII

Louis-Charles, dauphin de France, fils de Louis XVI et de Marie-Antoinette, naquit en 1785. Il fut enfermé à la prison du Temple avec sa famille en août 1792. Le 21 janvier 1793, à la mort de son père guillotiné, il devient Louis XVII, le légitime détenteur de la couronne. Sa mère, Marie-Antoinette, est guillotinée en octobre 1793. En février 1794, il est quasiment « emmuré » dans sa cellule.

C'est après le départ de Simon, le gardien du dauphin au Temple, le 19 janvier 1794, que la Convention ordonna en effet « l'isolement » de Louis XVII. Les issues de la chambre sont verrouillées. Cadenas et treillage sur châssis ferment la fenêtre. La porte de la cellule est coupée à hauteur d'appui par une tablette qui forme guichet. Le guichet est fermé par des barreaux mobiles que fixe un énorme cadenas...

Juillet 1794, c'est Thermidor, la chute de Robespierre, l'arrivée au pouvoir de Barras et du Directoire. On désemmure l'enfant. On lui donne des soins. Mais il serait mort « de maladie », en juin 1795.

Des fouilles furent effectuées en 1846, 1896, et 1904, dans le cimetière où le dauphin avait été enterré. Le cercueil exhumé en 1846 contenait un squelette qui ne pouvait être celui de Louis XVII. A sa mort, l'enfant roi était âgé de dix ans et neuf mois, alors que le cadavre qu'examina le docteur Milcent, ancien interne des hôpitaux de Paris, assisté par le docteur Récamier, professeur à la faculté de médecine, était celui d'un jeune garçon de quinze à dix-huit ans. Il en avait la taille, ses os — humérus, fémurs et tibias — en avaient les mensurations, ses mâchoires portaient huit molaires et toutes les dents de sagesse !

Louis XVII avait-il été remplacé ? L'avait-on fait échapper de sa prison et avait-on mis un inconnu à sa place, qui serait l'enfant mort en juin 1795 ? Dès le retour des Bourbons, sous la Restauration, les prétendus dauphins se mirent à apparaître...

Quarante-trois en tout, dont les plus fameux sont Jean-Marie Hervagault, le baron Ethelbert de Richemont et surtout Naundorff. Sur chacun, les controverses firent rage et les Bourbons n'en reconnurent aucun...

La reproduction d'un portrait de Louis XVII est soumise à Yaguel Didier sous enveloppe scellée.

Yaguel Didier: Je vois quelqu'un de six ans, sept ans d'âge maximum. Il est surtout marqué par sa mère... avant tout marqué par sa mère. Plus que par son père. Un drame sur lui est évident, il a vraiment vécu sous le signe d'une tragédie et, en même temps, après cette tragédie tout fut vécu dans l'ombre, comme dans un tunnel. Obligé de vivre une vie, comment dirais-je, dans les tons de gris et non pas au grand jour.

J'entends des bruits de roue sur des pierres, comme si une charrette partait dans la nuit, et j'entends le bruit des roues sur les pavés. Et on sort d'une prison, de murs étroits et humides. On cache l'enfant dans de la paille et il y a une grosse femme, un peu forte, paysanne, avec des gros seins, une espèce de nounou, qui avance... On l'a caché, cet enfant. Mais déjà depuis deux, trois mois, il était évident que quelque chose se préparait et il y a eu complot, conspiration,

mais dans son sens à lui... pour lui... pour le sauver.
Il faut qu'on sauve cet enfant, avant tout. Parce que
cet enfant, pour certaines personnes, est un symbole.
Il ne doit pas mourir. J'ai l'impression qu'on le
remplacera par quelqu'un d'autre. On va le substi-
tuer. A sa place, on va mettre un autre enfant... dans
une tombe. Cet enfant *(Louis XVII)*, au départ, je le
vois très blond et lorsqu'il y aura des constats de
fait, on se rendra compte — et cela éveillera des
soupçons — que l'enfant mort à sa place, je dis bien
mort à sa place, n'était pas aussi blond, d'où problème
déjà, d'où le doute.

Cet enfant est marqué par l'Espagne, un peu plus
tard. Je vois une longue, longue fuite. On passe des
frontières. Il porte un autre nom et on l'appellera
Carlos à un moment donné. Et il passera des frontières. Je vois beaucoup l'Espagne à son propos, entre
quinze et vingt ans. Je vois l'Angleterre aussi, mais
plus tard. Sa mère l'a tant marqué. C'est vraiment
un enfant qu'elle a désiré. On dirait que le drame, le
commencement des problèmes est apparu avec la
naissance de cet enfant.

En tout cas, il y a complot par rapport à sa
naissance... non, pas par rapport à sa naissance, mais
par rapport à sa vie, à sa mort. Il y a une prison, on
le cache. Il est sur de la paille humide, entre des
bottes de paille. Et il y a deux personnes, je vois des
paysans, et une conspiration en sa faveur des gardiens
d'une prison... *(Yaguel Didier observe une longue
pause.)* C'est comme si on avait failli lui couper la
tête. Je vois des têtes tomber.

Il a l'air de dire : « Ma mère si belle, si intelligente
et si naïve, pas fofolle, mais si extravagante et
frivole... Jusqu'au dernier moment, elle ne s'est point
rendu compte que c'est elle qui nous avait amenés
là. Et mon père, enfermé dans son orgueil, dans sa

tour d'ivoire, qui n'a jamais rien voulu voir, a essayé
de parlementer au dernier moment, mais sa grande
faiblesse... tout l'accablait... tout était contre lui...
Notamment, cette grande faiblesse. »

Robespierre joue un rôle ? Parce qu'il a l'air de
parler de Robespierre. Et cette grande confusion
dans laquelle Paris s'est trouvé, Paris et ses environs,
durant toute cette période-là, me fait penser à Robespierre.

Quelqu'un a coupé la tête de sa mère, c'est sûr, et
aussi de son père. Notre jeune homme a vécu beaucoup plus longtemps qu'on ne le pense, a été marié,
a eu des enfants, et a fini gras et gros. On lui a caché
sa naissance de longues années. On lui cachait des
choses, tant il était jeune. Il avait cinq, sept ans, neuf
ans quand le drame s'est produit ? *(Le dauphin avait
sept ans passés quand il fut enfermé au Temple.)*
Treize ans maximum. Pendant des années, on l'a
obligé à jouer un rôle, et à mener une vie qui n'était
pas la sienne. Mais il était très faible, un peu mou,
très rêveur, et a passé sa vie à rêver...

Louis-Charles... C'était un Bourbon... J'entends :
« Louis-Charles, moi le Bourbon. » J'entends : « Moi
dont deux branches me rallient si fortement, conver-
gent si fortement vers une lignée prestigieuse. »
J'entends : « Moi, dont le sang est parfaitement bleu,
obligé de vivre comme une souris ou comme un rat,
obligé de traverser des frontières et de manger la
soupe de paysan d'une façon si rustique. » Et j'entends : « Moi, futur roi des Français... Ou qui aurais
dû l'être. Par la folie d'une mère et la faiblesse d'un
père. Et la trahison de ministres. Et la folie d'un
peuple. Et la soif de sang d'un peuple... Victime de
toute une époque... »

Que s'est-il passé un mois d'août pour lui ? A-t-il
été en prison au mois d'août, ou fui un mois d'août ?

Je vois quelque chose un mois d'août, est-il né un mois d'août ? En tout cas, il parle du mois d'août qui a été si important pour lui. *(La famille royale est arrivée au Temple le 13 août 1792.)*

A ce moment-là, une voix se met à parler par la bouche de Yaguel Didier :

La voix : Mais la chose dont je ne puis point douter, ce fut l'amour de ma mère. Et quel soin elle prit au départ de mon éducation. Avec, néanmoins, sa légèreté coutumière. Par trois endroits, vous retrouverez ma trace. Une en Angleterre, une en Espagne, une au Vatican. Car des gouttes de mon sang continuent à circuler dans les veines d'une personne que vous connaissez. J'étais fait pour vivre dans l'ombre. La lumière n'était pas faite pour moi et c'est beaucoup mieux ainsi. J'aurais été incapable d'assumer le rôle qui m'était réservé.

Un dialogue s'instaure alors, par la bouche de Yaguel Didier, entre elle-même et cette voix, aux intonations différentes.

Yaguel Didier : Il a l'air de dire qu'il s'est marié, qu'il a eu deux ou trois enfants. Il a vécu à la campagne en *gentleman farmer*. L'Espagne le marque. Et il a épousé une femme, dont le nom ou le prénom commençait par un M et un A, ou un E, M E ou M A.

La voix : C'est en Angleterre que vous trouverez le plus de preuves de ma survie.

Yaguel Didier : Il dit : « Ma mère fut très courageuse. » Son père l'était moins... parce qu'il a faibli auparavant, il était prêt à s'avouer vaincu. Avant de mourir, il était prêt à faire des concessions... alors que sa mère, elle, a été stoïque et royale jusqu'au bout...

La voix : De deux médaillons me représentant, un seul est le vrai. Que n'a-t-on écrit et imaginé à mon sujet ! L'on m'a prêté trois personnalités, trois personnages fameux, qui ont soi-disant été moi, mais ce ne fut pas moi, en aucun cas. Que n'a-t-on écrit ! On m'a obligé à mener une vie, si ce n'était pas celle d'un prisonnier, c'était tout comme.

Yaguel Didier : Il revient sur cette obligation, cette nécessité de vivre comme une souris grise. Caché. S'il avait dit qui il était, on l'aurait tué. Cela aurait dérangé trop de monde. Il semble dire que ceux qui ont repris le flambeau *(Napoléon, Louis XVIII)* savaient tout à fait ce qu'il était devenu, que des tractations avaient été menées et que les « héritiers » potentiels, sachant qu'il était toujours là, étaient prêts, eux, par panique, par intérêt, à le faire disparaître s'il avait parlé. Il a l'air de dire que s'il était réapparu au grand jour, cela aurait dérangé tellement de monde que, de toute façon, ceux qui ont pris par la suite le pouvoir l'auraient fait disparaître. Trop d'intérêts étaient en jeu. Ce qui est terrible, dit-il, c'est qu'ils *(les Bourbons)* savaient. Etrangement, oui, ceux-là mêmes qui ont amené ses parents à l'échafaud, plus tard, voulaient le remettre en avant *(Barras ?)* et sa famille, ceux qui auraient dû le défendre, ne l'ont pas fait. Il dit : « Quelle ironie du sort, quel paradoxe ! »

La voix : J'avais été trop brisé, trop affamé, trop anéanti pour avoir le courage, la force et la volonté de m'imposer. J'étais d'ailleurs muselé, ficelé et j'ai trouvé la paix et la sérénité dans une famille que j'ai créée...

Ma mère savait, avant de mourir, que je serais préservé. Elle était au courant, on lui en avait parlé, et, sachant cela, c'est presque avec gaieté qu'elle est allée, héroïque, au-devant de la mort... Aurait-elle autrement montré tant de bravade devant la mort ? On a pris cela pour un très grand courage. Certes, mais surtout elle savait que je serais sauvé, et cela lui a donné cette superbe jusqu'au bout. Bizarrement, ma mère le savait, mais pas mon père.

Yaguel Didier : Pourquoi parle-t-il, à un moment donné, de lavandière, pourquoi ? Ou un nom comme cela. Ce n'est peut-être pas lavandière, Lava, Levent, non, ce n'est pas cela... Louise, c'est Louise dont il parle. Si proche de sa mère, dit-il. Il a été sauvé et élevé par Louise L. Louise et Georges. Ce devait être un nom comme Lalouette, ou Lalou, ou Lalongue...

Il a l'air de dire que c'est sous la paille et une pile de linge qu'il a pu fuir et il parle de cette fameuse Louise L., qui est blanchisseuse. J'entends : « Blanchisseuse de son état, et c'est ainsi que cela s'est passé. » Il est parti, au petit matin. J'entends les chevaux et les roues de la charrette sur le pavé.

Il dit que, dans un château en Ecosse... Il a probablement vécu, à un moment donné, en Ecosse. Il y a l'Espagne et l'Ecosse. Peut-être l'Ecosse et puis l'Espagne dans un deuxième temps... Y a-t-il une région en Ecosse où on pêche beaucoup de truites, de poissons de rivière ? Parce qu'il dit : « Dans une région poissonneuse, où il y a beaucoup de brochets. » Il dit : « Dans un pays frontalier, une région frontalière. » *(Entre l'Angleterre et l'Ecosse se situe le* Border Country *dont la rivière est la Tweed.)* Je vois des brochets qui sautent... Combien de fois n'en a-t-il pas pris, cela l'amusait tant, il pêchait avec des gens du pays le brochet. Là, il a été merveilleusement entouré, aimé, gâté, choyé. « J'ai eu, dit-il, la chance de tomber sur des gens admirables. » Il a fini gros et fort. Son père était-il gros et fort ? Il a fini bedonnant, gros et fort. Il est mort vieux. Il a eu deux filles, n'a pas épousé quelqu'un d'extraordinaire. Il a voyagé entre l'Ecosse et l'Espagne... Il était heureux.

La voix : Combien de fois ne m'a-t-on répété que j'avais des manies de mon père, surtout cette façon de priser le tabac ! J'avais la manie de ces petites boîtes que mon père et ma mère ont si jalousement collectionnées et ont mises à la mode, des petites boîtes à pilules, avec des incrustations. Vous savez, ces choses que l'on mettait près de son lit, que l'on pouvait prendre à tout instant. *(A l'époque, les boîtes ouvragées et peintes étaient très à la mode.)*

Vous dirais-je que, durant ma période écossaise, on m'a surnommé James ? Nous avons longtemps hésité entre John et James et nous avons choisi James. J'ai même eu, durant cet exil qui, du reste, a occupé toute ma vie, des contacts secrets avec la famille royale du pays dans lequel je me trouvais et, si vous cherchez bien, ces contacts sont consignés dans des archives. Questionnez certaines familles proches de la couronne, on vous confirmera mes dires. Combien de fois n'ai-je changé de nom, de prénom ! Combien de faux noms ne m'a-t-on attribués ! Je peux même vous le dire, j'ai fini avec des problèmes d'intestins...

Yaguel Didier : C'est un homme qui a souffert toute sa vie de dysenterie. Il dit : « Probablement due à la très mauvaise alimentation durant mon jeune âge. »

La voix : Le jour de ma fuite, j'étais profondément endormi, et il pleuvait à torrents. Cela les aurait bien arrangés que je meure, mais, en même temps, je leur ai servi de moyen de pression et de chantage occulte. Très vite, cela s'est su que je n'étais pas mort, mais il fallait, aux yeux de l'opinion publique, donner évidemment une autre version. Ils ont eu du mal à trouver un enfant me ressemblant mais le doute est venu de la couleur des cheveux. L'autre était plus cendré, moi plus blond.

Yaguel Didier : Il dit qu'à un moment donné on l'a poussé à jouer un rôle, mais qu'il a refusé. Il a eu des contacts secrets avec des dirigeants de certains pays qui voulaient absolument le voir jouer son propre rôle. « Notamment, dit-il, des pays dans lesquels je me trouvais, qui avaient intérêt à me voir revenir sur un trône, lequel n'était évidemment pas fait pour moi. J'ai toujours refusé. Si vous saviez combien de fois l'on m'a tenté ! Cela ne m'a jamais intéressé. Très pieux, je n'ai pas fini en odeur de sainteté, mais presque. »

Il s'est vraiment tourné vers le mysticisme et la religion en fin de vie. Il a eu des filles... Il a adoré la chasse... Par trois fois, il a eu des contacts on ne peut plus sérieux, pour rejouer un rôle, notamment « un diplomate basé en Turquie », ou passant par la Turquie, j'entends « Istanbul »... Les Anglais ont joué un rôle ambigu... Tantôt pour, tantôt contre...

Sa sœur *(la duchesse d'Angoulême)* savait en tout cas qu'il n'était pas mort. « Elle a su, dit-il, mais elle a toujours eu peur, elle a toujours vécu dans la terreur. »

La voix : Nous nous sommes toujours contactés, mais dans le plus grand secret. C'est bien plus tard que nous avons su, moi, qu'elle était là, et elle, que j'étais toujours là.

Yaguel Didier : Elle savait, en tout cas. Mais elle a vécu terrorisée qu'il lui arrive quelque chose, à elle... J'ai vraiment l'impression de personnes qui vivent dans la terreur totale...

Il était tenté d'un côté et terrorisé de l'autre. « C'est d'ailleurs, dit-il, lorsqu'on a compris que je ne voulais rien que l'on m'a laissé en paix. Mais il a fallu de nombreuses années avant cela. Des membres de ma famille qui connaissaient mon existence m'ont tourné le dos. Car ils n'avaient point intérêt à me voir réapparaître. »

La voix : Ma mère a vécu sa grossesse avec sa légèreté coutumière, mais c'était une femme très sensible et qui adorait ses enfants. Je me souviens de son parfum de rose lorsqu'elle se penchait pour nous embrasser. Elle se poudrait beaucoup trop à mon gré. *(D'après les Mémoires du temps, Marie-Antoinette se poudrait et se parfumait à l'excès.)*

Yaguel Didier : Je vois quelqu'un qui a du mal à se pencher sur lui, et souffle en se penchant sur lui. Je vois une femme un peu forte, blonde, assez belle, qui s'occupe de lui et lui passait beaucoup de choses. Ce n'est pas sa mère, mais elle s'en occupe comme une mère. Ce doit être sa gouvernante. Elle est grosse et blonde. *(Mme de Tourzel ?)*

La voix : Je la connais mieux que ma mère, elle est comme une mère. Elle est forte.

Yaguel Didier : Il parle de ses yeux de porcelaine.

La voix : Périodiquement, on a parlé de moi en attribuant mon nom à des gens qui n'étaient pas moi... On avait intérêt à brouiller les pistes. Certaines histoires sont des légendes inventées pour noyer le poisson. On a notamment beaucoup parlé d'un homme qui a vécu dans une prison entourée d'eau, dans une île *(Naundorff)*, longtemps le bruit a couru, a persisté que c'était peut-être moi. C'était une affaire montée de toutes pièces. On savait pertinemment que c'en était une, mais on avait intérêt à faire croire le contraire. Fouillez un peu, vous retrouverez des preuves sur moi, en Angleterre, au Vatican, et peu de chose en Espagne. Lors du grand incendie...

Yaguel Didier : Il a l'air de dire qu'un château a brûlé, un palais a brûlé... Ce n'est pas en France... Et que beaucoup de preuves ont disparu lors d'un grand incendie. Il a vécu en Angleterre, en Ecosse, une vie paisible, tranquille... près d'un château, près d'une montagne, dans une gentilhommière qu'on lui prêtait... et qui existe toujours... Tout le monde, autour de lui, savait qui il était, mais on n'en parlait jamais ouvertement, par peur... A cause de lui, dit-il, beaucoup de gens ont vécu dans la terreur de représailles... Il habitait près d'une petite ville d'Ecosse qui porte le nom d'un animal... comme un chat ou un chien, *cat* ou *dog* ou *bird*. Une partie du château où il résidait a été détruite, et dans la partie restante, de nos jours, on donne des concerts de musique de chambre. Ce château-musée n'est ouvert qu'une partie de l'année. On n'y vit pas complètement. « Vous pouvez le retrouver », dit-il.

Lichfield ou Hickfield ?... Le nom est un peu comme Lichfield... On dirait que cette famille-là connaît... Dans les archives Lichfield... Ils y ont eu accès *(au secret)*... J'entends Coward, Howard... Il parle de cette famille-là aussi... une partie de leur château a brûlé. Ils adorent la musique. Il a l'air de dire que ce château a été fait en plusieurs fois, ou que lui n'en habitait qu'une partie. Une partie a brûlé bien plus tard et des gens ont péri dans cet incendie. Il dit que cette famille *(qui possède le château)* a un emblème qui est un oiseau ou un aigle. Et il dit : « Allez là et vous trouverez. » L'endroit est habité, aujourd'hui, par une femme blonde très douce, ou grisonnante, les cheveux blancs... Une pièce dans ce château subsiste *(du passage de Louis XVII)*, avec une cheminée. Je vois des boiseries et des choses typiques sur cette boiserie... Les gens du château ne savent pas formellement *(le secret de Louis XVII ?)*, mais le savent, comme toutes les histoires, par ouï-dire. « Allez-y, dit-il, vous verrez... »

Les papiers le concernant ne sont plus dans ce château, mais la famille sait où ils se trouvent. « Un jour, dit-il, bien plus tard, une fois que je n'étais plus là, certaines personnes qui y avaient intérêt sont venues au château et ont pris les preuves me concernant, les ont amenées en Angleterre ou en Ecosse, dans une prison, un château, un parlement, où sont consignés beaucoup de papiers. C'est là que les papiers se trouvent. C'est un endroit sinistre où tout est consigné, toutes les archives sont là, concernant le royaume. *(Le Parlement ? La bibliothèque de Windsor ?)* Cherchez en Angleterre, mais aussi au Vatican, dit-il, vous trouverez dans deux endroits différents des preuves flagrantes. »

La voix : Vous découvrirez que j'ai souffert de l'estomac et que je suis mort, le teint jaune et vert. Comme une maladie de foie. Et les intestins très abîmés.

Yaguel Didier : Là où il habitait, peut-être un pavillon du château, je vois des bois, et des bois... « C'était admirablement dessiné », dit-il. Des jardins, admirablement dessinés. Coulait dans la propriété une rivière où il adorait pêcher... Je le vois en train de pêcher. On peut retrouver la pièce authentique parce que ses enfants y ont abîmé des choses avec un couteau...

— Pourquoi ne s'est-il pas manifesté sous sa véritable identité ?

Yaguel Didier : « J'avais tellement de faiblesse en moi, dit-il, je n'avais pas envie de lutter. J'avais hérité de la faiblesse de mon père et d'un de mes oncles *(Charles X ?)*... Mes filles, mes descendants sont tellement éparpillés. »

Les papiers, les preuves... « en Angleterre, dit-il, là où se rend de temps en temps la reine pour y faire des discours ». Là où elle revêt un manteau d'hermine. *(L'abbaye de Westminster ?)* D'abord, ils ont été « trimbalés » plusieurs fois. Et ensuite, les gens d'Eglise s'en sont emparés.

Il dit qu'un homme d'Eglise, un évêque, ou un cardinal, a essayé, à un moment donné, de rétablir la vérité et qu'on l'a vite réduit au silence, alors qu'il était promis à une carrière brillante. « Regardez bien votre histoire, dit-il, et vous trouverez qui c'est. » Entre le règne du roi qui a précédé Victoria *(Guillaume IV, son oncle)* et son propre avènement, on a essayé à un moment donné... « Vous pouvez le retrouver dans des écrits de l'époque... on a commencé à parler... Je ne sais plus où je suis dans le temps... C'est au moment où tout aurait pu éclater... à l'avènement de Napoléon... Je suis perdu dans les siècles et les années... »

La voix : Mais pourquoi ne capteriez-vous pas ma mère ? Elle en sait tellement plus que moi. Ce fut elle la vraie reine. Je n'ose le dire, mais mon père n'a été qu'une pâle copie d'elle. Vous savez mieux que moi que la mort n'existe pas. Elle était suffisamment bien placée pour savoir qu'elle accomplissait son destin. Pas une seconde elle ne s'est étonnée de la tournure des événements. Deux femmes, auprès d'elle, l'avaient prévenue et lui avaient conseillé de fuir, ce qu'elle n'a jamais voulu faire. Car elle a eu auprès d'elle un mauvais génie, un homme qu'elle payait grassement de pièces d'or, qui avait le verbe facile, et lui faisait sa cour. Et qui l'a beaucoup aidée lors de ses amours avec quelqu'un d'autre.

Yaguel Didier : Il a l'air d'admirer sa mère et fort peu son père. Il dit qu'il a perdu la foi pendant de longues années et qu'il l'a retrouvée à la fin.

Son oncle *(Louis XVIII)*, pourquoi dit-il que c'est un traître ? Il dit : « Ce traître qui savait tout et qui n'a rien dit m'a réduit au silence et anéanti. » Il dit :

« Ce pourceau. Ce pourceau. » Je vois une tête de cochon. Et je vois de grosses mains...

La voix : Je ne voudrais pas souiller mes lèvres en prononçant son nom. Car il n'a pas seulement trahi sa famille, à lui. Il n'a fait que vivre dans le mensonge. Mais nous avons été bien vengés...

Yaguel Didier : C'est peut-être symbolique, mais lui a-t-on coupé la langue *(à Louis XVIII)* pour l'empêcher de parler à la fin, ou d'agir ?... Oui, politiquement, on lui a coupé la route... Il a fini très tristement... *(Obèse et goutteux, Louis XVIII sera condamné à l'immobilisation progressive.)*

La voix : Mes joues s'enflamment à son souvenir... Dans la famille tout le monde savait, mais c'était la conspiration du silence... N'oubliez jamais que c'est à la frontière entre l'Angleterre et l'Ecosse. Là où la région est la plus poissonneuse.

Yaguel Didier : On pêche le brochet, dans cette région, et il existe actuellement des conserveries de poisson. Je vois des filets et je vois du savon. Je ne sais pas comment l'interpréter. Je vois des filets et des filets... Dans cet endroit, il a vécu et il y a des preuves. Il dit que cet endroit a été fort bombardé... C'est une région où les chevaux étaient beaux, et les cavaliers particulièrement doués, très nobles. « On y élevait une race de chevaux... Mes descendants ont été disséminés. » Là, dit-il, il y a une preuve, il y a un papier, dans un château doté d'une chapelle, une église, un endroit où l'on prie. C'est là... Dans une chapelle... Les armoiries de la maison arborent un sanglier, ou des griffes de lion, un animal. « Ce sera l'enfance de l'art pour vous de les trouver. C'est comme une charade. » Je vois un lion avec des crocs, une gueule de lion. Le bleu, la couleur bleue, du bleu et de l'or, et une grande croix... dans les armoiries... Une preuve a été cachée là ; pendant la dernière guerre, quand on a craint des invasions... il fallait cacher... des lettres, des signatures, des papiers... Rien n'a jamais été bougé... personne ne sait.

La voix : Vous devez descendre trois marches... Lorsque le soleil est au couchant, vous descendez trois marches, dans ce sens-là, vous remontez vers le nord, vous tournez vers le sud, plus vers le sud, et vous êtes là.

Yaguel Didier : J'ai l'impression qu'il dit ou trois pieds ou trois marches. Je n'arrive pas à savoir. C'est très humide et froid. Pas loin, on peut y voir encore picorer des poules, ou bien il y eut des poules jadis. C'est comme si ce n'est pas loin d'une ferme...

La voix : Un jour la vérité sera réhabilitée contre le mensonge. Hélas ! qui cela pourrait-il encore intéresser ? Uniquement des curieux, passionnés d'Histoire. Et certaines familles. J'aurais pu croire à un moment donné qu'une de mes filles allait porter une couronne.

Yaguel Didier : Il dit qu'à un moment donné il a été contacté pour qu'une de ses filles revienne... Il parle beaucoup de Napoléon. Il parle de forces occultes...

La voix : Mais je voulais avant tout vivre en paix. Une femme à la langue pointue et acide qui a pu réchapper au massacre a énormément parlé de moi et d'une éventuelle survie. Cherchez bien, vous la connaissez, elle a laissé un nom dans l'Histoire. Femme, ô combien bavarde ! mais érudite. Connue pour sa langue pointue... *(Mme de Staël ?)*

Yaguel Didier : Il a l'air de dire : « Mon oncle *(Louis XVIII)*, ce pourceau, ce faible et cet incapable, ce monstre d'orgueil, trois fois a trahi... trois fois a donné son âme, trois fois s'est vendu, trois fois... »

... J'entends Marie-Antoinette dire : « Mon fils n'est pas mort au Temple. » Je vois une femme, que vous

ne connaissez pas, qui va venir, et va vous dire :
« Voilà la preuve. » Et je vois des gens accourir pour
amener des preuves. Je vois une femme, qui a été
blonde, bien, très bien, arriver avec des preuves liées
à la survie de Louis XVII. Elle dit : « Ce ne peut être
que lié à la famille. » Cette belle femme, entre
cinquante et soixante ans, cheveux blond-blanc, précise : « Et voilà les preuves, voilà. »

Commentaire

L'explication du mystère de la mort de Louis XVII donnée par Yaguel Didier est troublante parce que la plus plausible.

Louis XVII n'est pas mort au Temple : il était en bonne santé avant son remplacement par l'enfant mort en juin 1795 et personne n'avait intérêt à le tuer.

On a donc fait échapper Louis XVII du Temple. Qui ? Les royalistes : mais l'auraient-ils pu ? Une faction de révolutionnaires intéressés à mettre la main sur ce que représentait l'héritier légitime de la couronne ? Il est possible que certains révolutionnaires, sous la Terreur comme sous le Directoire (Robespierre, Barras), aient cherché à s'emparer de Louis XVII et même aient songé à le remettre sur le trône, sentant l'échec de la Révolution.

Louis XVII était un otage précieux. On a la certitude que les révolutionnaires les plus en vue, comme Chaumette, responsable du Temple, Hébert, Danton, Camille Desmoulins et même l'incorruptible Robespierre, pensaient à s'approprier le jeune roi. Alain

Decaux parle d'un chiffon de papier, non daté, découvert chez Robespierre après sa mort. Les quelques lignes de l'écriture de Robespierre ne peuvent se rapporter qu'à l'éventualité d'une évasion de l'enfant roi. Il y est question de changement de personnel, du cuisinier, de la nomination d'un médecin, d'opium qui peut servir à endormir quelqu'un...

Certains détails révélés ici recoupent les suppositions faites sur la survie du dauphin.

Celui-ci aurait été enlevé dans un panier à linge, grâce, semble-t-il, à la complicité de la femme Simon qui, entrée aux Incurables en 1796, racontait que le fils de Louis XVI, son « petit Charles », n'était pas mort au Temple.

Le bruit des roues sur le pavé serait celui de la charrette emportant le linge sale — dont il est fait mention dans plusieurs enquêtes — et où le dauphin aurait été dissimulé.

Quant à la comparaison de la couleur des cheveux blonds de Louis XVII avec celle des cheveux du cadavre, on peut dire ceci, entre autres :

Le municipal Damont, qui avait assisté à l'autopsie de Louis XVII, avait précieusement gardé, dans une feuille de journal du temps, une mèche de cheveux, coupée sur la tête du cadavre.

En juillet 1817, Damont se rendit aux Tuileries, mais Madame Royale refusa de le recevoir. Le duc de Gramont, capitaine des gardes du corps, accueillit le visiteur. Il regarda attentivement la mèche et déclara : « On vous a trompé. Ce ne sont pas les cheveux de Monseigneur le dauphin. Le dauphin était d'un blond clair. J'ai eu l'occasion de le bien connaître à Versailles. »

Quant à savoir si les Bourbons étaient au courant de la survie de Louis XVII, c'est très possible ; notamment sa sœur, la duchesse d'Angoulême, comme le dit Yaguel Didier. Un indice pourrait être fourni par le fait suivant : sous la Restauration, furent considérées comme jours de deuil national, les dates anniversaires de la mort de Louis XVI et Marie-Antoinette, comme le fut par la suite celle de Madame Elisabeth.

Mais pour le 8 juin, date officielle du décès de Louis XVII, rien !

Le Premier consul, devenu empereur des Français, tout en étant au courant de la survie de Louis XVII, n'avait pas intérêt, à l'évidence, à le faire réapparaître.

C'est pourquoi le vrai Louis XVII, échappé du Temple, sauvé de la Révolution, ne s'est jamais manifesté. Parce que, dit-il, il était menacé de mort s'il le faisait. Et il accuse particulièrement son oncle Louis XVIII. Derrière la légende du sage et bon Louis XVIII se cache en fait un monstre d'ambition, dénué de scrupules.

Yaguel Didier, affirmant la survivance de Louis XVII, lui fait dire qu'il fut sauvé par ceux-là mêmes qui avaient envoyé ses parents à l'échafaud et trahi par ceux qui auraient dû le défendre, c'est-à-dire sa famille. Cette conspiration du silence sauvegarde ceux qui y ont intérêt (Napoléon, Louis XVIII, Charles X) et ceux qui ont peur de représailles (Louis XVII lui-même et Madame Elisabeth).

Louis XVII avoue par ailleurs être un faible, comme l'avait été son père, préférant une vie tranquille et campagnarde aux dangers et luttes éventuelles que représenterait la conquête du trône : c'est un élément déterminant de son silence.

On notera que, devant le mystère de la mort de Louis XVII, Yaguel Didier apporte des indications, des informations, des détails même des lieux où il aurait séjourné, décrit des armoiries et cite des endroits où des archives permettraient de retrouver la vérité sur cette énigme.

Qui était Gaspard Hauser ?

Le 7 avril 1806, Napoléon obligeait la nièce de Joséphine, Stéphanie de Beauharnais, à épouser le grand-duc héritier Charles de Bade.

De cette union naissait un fils en 1812 qui, un jour, hériterait du trône. Cela n'arrangeait sûrement pas la comtesse de Hochberg, une aventurière ambitieuse, qui avait épousé, en secondes noces, le vieux margrave, grand-père du grand-duc Charles, et lui avait donné des fils au profit de qui elle était décidée à obtenir la succession.

Le fils du grand-duc Charles et de Stéphanie de Beauharnais mourut, âgé d'une semaine... On murmura que la comtesse de Hochberg avait kidnappé le bébé royal et l'avait remplacé par l'enfant déjà malade d'une paysanne qui mourut quelques jours plus tard, sans que personne s'aperçoive de la substitution...

Lorsque le grand-duc Charles s'éteignit, c'est donc un fils de la comtesse de Hochberg qui lui succéda sur le trône, mais celle-ci, morte un an plus tôt, ne put voir son rêve réalisé.

En 1828 apparut à Nuremberg un jeune homme qui parlait à peine, ne savait rien de son origine et avait visiblement été laissé à l'état presque animal. On chercha à savoir qui il était. La presse s'empara de son cas et, bientôt on murmura qu'il n'était autre que le fils supposé de Stéphanie de Beauharnais. Au bout de quelques mois, il fut mystérieusement assassiné.

Qui donc était Gaspard Hauser ?...

On soumet à Yaguel Didier une enveloppe scellée contenant la photographie d'une gravure de Gaspard Hauser.

Yaguel Didier: C'est un homme... Je vais essayer de vous le décrire physiquement, tel qu'il a été représenté : un nez un peu fort et quelque chose de... chevalin est un grand mot... Enfin un nez fort et des yeux assez gros... Il est mort étouffé ou il a eu des problèmes respiratoires. C'est un personnage poussif...

Une grande ombre s'étend sur sa vie les trois premières années, surtout les trois premières années de sa vie, n'est-ce pas ? Comme s'il disparaissait... Je vois autour de lui, c'est un symbole, des murailles, des barrières, des barreaux... Il est derrière ces barreaux, ne peut bouger, ne peut circuler. Et je vois des personnages avec des baïonnettes ou des armes à la main, bref, des soldats. Son retrait était forcé. Ce n'est pas lui qui s'est caché, on l'a caché.

A-t-il boité à un moment donné ? Je le vois... marcher curieusement, ou lentement. Il avait une démarche lourde... Un ventre proéminent. Etait-il sourd en fin de vie ? Je vois des problèmes d'oreille... Il avait par moments des difficultés d'élocution. Je le vois tout d'un coup devenir très rouge, congestionné... Même s'il a eu des femmes dans sa vie, c'est un homme qui avait des problèmes.

Une sœur, ou une tante, a été très importante... je vois un entourage de femmes. Les femmes de la famille ont joué un rôle important. Je vois toute une correspondance autour de lui, ou avec lui. Mais en même temps des lettres disparaissent, sont falsifiées, cachées, qu'on ressortira plus tard, qui réapparaîront.

Il aimait la musique ? J'entends beaucoup de musique autour de lui. *(Un temps très long.)* Il est vilain, il y a quelque chose de laid en lui.

Le mensonge règne à son propos, il y a vraiment un mensonge, une duperie... C'est curieux, c'est comme si j'entendais : « On a marché sur un cadavre. » Je ne sais comment l'interpréter. Un portrait de sa mère, ou d'une vieille femme autour de lui, la montre-t-elle avec un bonnet sur la tête, un bonnet tuyauté ? Une femme un peu forte ? *(La femme Blochmann ou la nourrice Josepha Shindler ?)*

On l'a tué, n'est-ce pas ? Je le vois mourir tué. On l'a assassiné. Ce n'est pas une mort naturelle. Je vois du sang, beaucoup de sang, et on le traîne... Il a un côté repoussant... Sa vie est un drame, mais il a quelque chose qui me déprime. Il y a beaucoup de noir autour de lui... Je le vois deux fois, peut-être plus, en tout cas deux fois caché. Comme s'il avait disparu deux fois.

Il n'est pas français, cet homme. Il a un rapport avec l'Allemagne ? Il fait très froid, c'est l'hiver...

Quelque chose de très important intervient à l'âge de quinze ans dans sa vie. *(Il a seize ans quand on lui rend sa liberté, en l'abandonnant à Nuremberg.)* Je vois sa mère près de lui, et puis une autre femme. Une de ces deux femmes joue un rôle social important, dirige ou tient le pouvoir. *(La comtesse de Hochberg.)* Cette femme est le nœud du problème de cet homme. Je la vois très droite, très sèche, très raide... C'est une femme aux yeux bleus, de très grands yeux, mais très froids. Et à côté de cette femme il y a un homme *(le vieux margrave de Bade)*, mais cet homme disparaît... Elle est comme un homme. Elle a le rôle d'un homme.

Cet enfant, elle s'en sert, elle a une attitude très ambiguë, elle en joue comme d'un pion sur un damier.

A l'âge de vingt ans, quelque chose d'important intervient de nouveau. Je le vois sur un cheval, je vois des chevaux autour de lui... Je le vois caché derrière un mur du silence. J'ai du mal à aller au-delà de cette... épaisseur ; comme si on ne voulait pas que je perce un mystère. Je vois un puits sans fond, mais cette femme est très importante.

A-t-il vécu jusqu'à cinquante ans ? Non. Alors, quel est ce personnage de cinquante ans autour de lui ? Est-ce sa mère ? Ou cette femme ? *(La comtesse de Hochberg ?)* Ou alors quelque chose est-il sorti cinquante ans après ? Attendons un peu...

C'est comme si on avait essayé, au départ, de le faire mourir. La naissance ou la présence de cet enfant gêne. On a essayé de le tuer, on n'a pas pu... On a essayé de le faire disparaître, mais on n'a pas pu... Et je vois un homme d'un certain âge, un homme simple qui est comme son geôlier. C'est là, la personne de cinquante ans. *(Richter, régisseur du château de Pilzach ?)* Je le vois traité en animal, telle une bête.

Je le vois presque à quatre pattes, dans un trou comme un enfant-loup... *(La période où il est enfermé dans un souterrain.)* Il a du mal à se lever, il a du mal à se mouvoir parce qu'il est dans ce trou. Je le vois marcher à quatre pattes dans ce trou, dans un réduit, on lui tend une gamelle... C'est difficile parce que c'est noir, noir, noir.

On n'a pas pu le tuer... Je vais vous dire pourquoi : parce qu'il servait en même temps de moyen de chantage et de pression. C'était un pion. Sa mère a été contrainte...

Il n'est pas du mari *(le grand-duc Charles de Bade, époux de Stéphanie)*, en tout cas pas de l'homme avec qui elle vit. C'est le fruit d'amours avec un autre. En revanche, la mère a eu d'autres enfants légitimes. Au moins deux ou trois. *(Les trois enfants de Stéphanie de Beauharnais et de Charles de Bade.)* A mon avis, c'était son premier enfant. *(Gaspard Hauser.)* Il avait une très grosse tête, non ? Très grosse tête... Elle est terrible, la mère, elle est dominée par une femme qui avait une énorme personnalité... *(La comtesse de Hochberg.)* C'est celle-ci que je capte, dure, cruelle. Il y a un rapport très fort entre elle et la mère... Un lien de parenté. C'est elle, la terrible.

On a considéré cet enfant comme anormal au départ. Ou on l'a fait passer pour anormal.

Il est né la nuit... Je vois des couloirs, je vois des gens qui courent. On s'affole et on le cache. La mère était manipulée ! Par l'autre. *(La comtesse de Hochberg.)* Je la sens qui ricane. Ne dirige-t-elle pas un Etat ?

Quel est ce grand C que je vois ? Un grand C ou un grand G, ou un O à la limite ? Oui, c'est un G. Il est mort étouffé, non ? *(Sans doute par le sang de la blessure mortelle au flanc.)*

En tout cas, on a tué cet homme. Je le vois faire
« Ah, ah, ah ! ». Et je vois du sang. Je me demande
si son père était vraiment son père. (Le grand-duc
Charles de Bade.) C'est une des clefs du mystère.
Quelque chose me gêne dans sa naissance... J'ai
l'impression que son père présumé n'est pas le père.
Et c'est la clef de l'affaire.

Je vois sa mère (Stéphanie de Beauharnais) pleurer... Pleurer un amour. Comme si elle avait été
obligée de se marier. Elle est obligée de se marier,
c'est bien cela. Elle est obligée de se marier, elle
pleure un amour... Je vois près d'elle un homme
superbe, blond-châtain clair, un grand bel homme,
en tenue d'officier. Il s'en va souvent en mission et
n'est peut-être pas de la même origine qu'elle. Je
vois autour de lui plein d'hommes en armes. Je capte
la mère maintenant, et je la vois pleurer : « Je pleure
un amour et je l'ai payé tellement cher. » C'est pour
cela que j'ai l'impression que cet enfant n'était pas
du mari. La vieille femme (la comtesse de Hochberg)
savait, le mari savait aussi. Cet homme qui était le
véritable père, on l'a envoyé très loin. C'était un
homme important qui pouvait gêner certains plans.
On l'envoie très loin. Il est mort jeune.

Il avait les membres atrophiés (Gaspard Hauser).
Il reste vraiment enfermé pendant longtemps. Et puis
je vois... Dans l'ombre, autre chose se joue. Une
femme, plus deux ou trois autres personnes sont au
courant. Je le vois réapparaître une nuit (Gaspard
Hauser), je le vois sortir une nuit de son trou, marcher
à travers un bois, marcher, marcher, marcher. Et je
le vois réapparaître brusquement en pleine lumière
(à Nuremberg). Et là, c'est comme si éclatait une
vérité. Mais cela ne dure pas longtemps. J'entends :
« Il sert les opposants. » Je le répète, il est un pion
sur l'échiquier. On a essayé, en le faisant sortir, de

s'en servir. Mais il y a eu trahison, quelqu'un a parlé... et ce fut un triomphe de courte durée, on n'a pu se servir de lui bien longtemps. Il y a un homme très lâche dans l'histoire, je me demande si ce n'est pas son père officiel.

On dirait qu'il a été sorti de son trou par son vrai père, avec l'aide d'autres gens. Des gens, dans la maison même *(la cour de Bade)*, étaient au courant de la naissance illégitime de l'enfant. Il y a collusion entre ce groupe et le véritable père. C'est ainsi qu'il a pu sortir de son internement.

· Elle, la mère *(Stéphanie de Beauharnais)*, je la vois vivant cloîtrée... Elle est tellement brimée, elle a tellement pleuré, elle est faible, malheureuse, elle n'a pas de courage. Elle a eu la possibilité de le voir, elle a su des choses, elle était parfaitement au courant *(de la survivance de son fils)* mais elle se tait complètement. La vieille femme *(la comtesse de Hochberg)* a tout manigancé.

J'ai l'impression que le vrai père est quelqu'un d'important. Il y a un nœud, là. Le fait que cet enfant voie le jour et qu'on sache qui il était pouvait desservir certains plans politiques, certaines alliances, j'entends « entre certains pays »... Je vois un grand G toujours, sur le personnage.

Il est mort vers quel âge, vers vingt, vingt-cinq ans ? *(Né en 1812, Gaspard Hauser fut assassiné en 1833. Il avait vingt et un ans.)* Je le vois tellement essoufflé... Je lui vois le teint jaune, je le vois très malade. Autant jeune je le vois comme un animal, autant plus tard je le vois dans un cadre de vie différent... Ce n'est pas un imposteur, ce n'est pas un personnage apparu tout d'un coup. C'est bien l'enfant qui était caché et qui est ressorti.

Au moment où il est ressorti, deux pays étaient en guerre. Je vois une foule d'hommes armés. Le pays où il se trouvait n'était-il pas en lutte ? Ou alors, peu après, y a-t-il eu une guerre... ?

Je vois une chanson faite sur lui, ironique, composée par des chansonniers.

Quand il a réapparu, sa mère n'a pas voulu le voir. Elle était contrainte... Elle vivait dans la terreur. C'était déjà un tel problème pour elle, la naissance de cet enfant. Elle était tellement asservie, tellement faible qu'elle n'a pas voulu le revoir. Elle n'avait pas une grande personnalité face à l'autre *(la comtesse de Hochberg)*, écrasante. Je la vois très malade et je la vois mourir d'une longue maladie. Je la vois diminuer, diminuer, diminuer pendant des années...

Je répète, on ne voulait pas que cet enfant meure, parce qu'il était un moyen de chantage... Il y a quelque chose de très vulgaire, de grossier en lui, de violent. Toute l'histoire vient de sa naissance.

Il n'est pas ressorti tout d'un coup, de son isolement. La chose a été préparée par des gens du dehors et des gens de l'intérieur *(de la cour de Bade)*. Il y a eu intrigue, entente entre ces deux groupes... Je sens la violence autour de lui...

Lorsqu'on l'a ressorti de sa prison, il y a eu trahison de quelqu'un. C'est pour cela que cela a raté. Quelqu'un a trahi. Il n'était qu'un enjeu... J'ai l'impression que lui-même est allé trop vite. Il n'a pas fait exactement ce qu'on lui demandait de faire. A un moment donné, il s'est rebellé. Quelque chose a mal tourné.

Au départ, c'est la vieille dame *(la comtesse de Hochberg)* qui a tout organisé. C'est vraiment elle, le nœud. Elle n'aimait pas ce fils *(en fait, son beau-petit-fils, le grand-duc Charles de Bade)*. Il lui avait désobéi. Il lui échappait. Quelqu'un travaille dans l'ombre, encaisse apparemment les coups et puis, finalement, frappe... On m'empêche de parler. Quelque chose m'empêche de parler. Quelqu'un dans le coup... Comme s'il voulait se venger de la vieille femme. Il est question de vengeance dans la réapparition de l'enfant. Mais elle reste la plus forte, cette vieille dame, finalement. Qu'elle meure ou pas, elle reste quand même la plus forte. Parce que je l'entends ricaner. Finalement, tout a échoué.

Une fois qu'il est sorti, il y a eu, entre les deux groupes, mésentente... En fait, il a été assassiné par quelqu'un d'extérieur à l'intrigue, qui n'avait pas du tout envie qu'il soit là, mais avec l'aide de gens qui, précédemment, étaient pour lui. Donc, à l'intérieur de l'intrigue, il y a eu là aussi trahison complexe. Je vois la vieille femme qui ricane, « Ha, ha, ha, ha ! » comme dans les dessins animés. C'est elle qui a gagné. Et je l'entends ricaner...

Il a été assassiné sauvagement... *(C'est exact : d'un coup de poignard.)* Je vois du sang qui coule. On a essayé une première fois *(c'est exact également)*, mais cela n'a pas marché. Il parlait trop et a déçu ceux qui étaient pour lui, faute de se montrer à la hauteur de ce qu'on attendait de lui.

Quel est le J autour de lui ? Je vois un J, comme Jérôme ? N'a-t-on pas essayé à un moment donné de le marier ou de lui faire rencontrer une femme blonde ? Je vois une femme blonde, ou alors sa mère était blonde. Voilà ! c'est sa mère. Elle était très jolie. Je vois une ravissante femme blonde au teint clair, très jolie femme. Mais, je répète, son père n'est pas le père présumé. Là est la clef de l'affaire : à sa naissance, on pensait qu'il mourrait de maladie... Plus tard, je vois quelqu'un donner l'ordre de le tuer mais j'entends le contrordre d'un autre : « Non, laissez. S'il meurt, tant mieux, mais qu'on ne le tue pas. » *(Le grand-duc Louis qui monta sur le trône en*

1818, à la mort de son père Charles, aurait prononcé exactement ces paroles.)

On a fait croire à des gens très proches de lui qu'il était mort-né. Pas seulement au peuple. Ainsi a-t-on cru pendant un certain temps à sa disparition, et puis on s'est rendu compte qu'il n'était pas mort, mais enfermé.

Il règne une grande confusion parce que quelqu'un d'un côté dit qu'il faut qu'il meure, et quelqu'un d'autre qu'il ne faut pas le tuer, qu'il faut attendre. Et puis, plus tard, on se dit qu'il finira bien par mourir... On fait croire à celui qui a dit : « Je veux qu'il meure », qu'il est mort, puis on lui fait comprendre qu'il n'est pas mort, mais sur le point de mourir.

C'est un enfant bâtard. Le fameux père n'est pas allemand... Sa mère aime la musique. J'entends de la musique autour d'elle. Elle a une écriture très fine, toute petite, très serrée.

La personne qui avait donné l'ordre de le tuer a cru qu'il était mort pendant trois ou quatre ans. Puis elle a su qu'il n'était pas mort. Et que c'était trop tard pour le tuer vraiment. C'est pourquoi on l'a laissé enfermé.

Là où il y a ambiguïté, c'est que les gens près de la vieille dame lui sont en même temps opposés. Ce sont des intrigues de palais.

Le vrai père... La France aurait-elle pu jouer un rôle ?

Je vois tout le temps la date de 1785. C'est peut-être la naissance de la mère. Et 1803, c'est quoi, 1803 ? *(L'année où Stéphanie passe, du jour au lendemain, à l'opulence, grâce à Napoléon.)* 1817 ? Et 1833 ? *(1817 : changement de résidence du prisonnier. 1833 : sa mort.)*

Je vois la mère devant une lyre, une harpe. Je l'entends : « Ecrasée par sa belle-mère. » Mais la mère ne m'inspire pas beaucoup..., il me faudrait un portrait d'elle.

Son histoire a-t-elle un rapport avec une ville d'eaux, comme Spa, un endroit où on va prendre les eaux... chaudes, de préférence ? *(Baden-Baden ?)* C'est là où je vois la mère.

Il *(Gaspard Hauser)* a perdu du sang ? A la poitrine ? Il a été piégé, je le vois pris comme dans une souricière. On lui a tendu un piège. On l'a eu à la deuxième tentative. Il fait nuit. Il revient d'un certain endroit, et, tout d'un coup, se trouve devant des gens qui l'abattent... Il fait nuit, il a un peu bu, il est gai. On l'avait déjà mis en garde... Il avait été au courant de la première tentative de meurtre. Il était prévenu et donc méfiant. Mais il a été trahi par des gens de son entourage.

L'ordre de le tuer est venu de très haut. L'ordre est venu de l'entourage de la vieille dame, même si elle était déjà morte. *(La comtesse mourut effectivement avant.)* Cette histoire pourtant ne me passionne pas, c'est curieux.

Il a été caché dans deux endroits différents. A un moment donné, il a été prisonnier dans une tour ou une forteresse. Je vois de hauts murs, je vois de l'eau. Et puis, plus tard, je le vois éloigné, dans une campagne ou une maison isolée... Il y a eu un tournant très important lors de ses quinze ans ou seize ans. Entre trois et sept ans, sept-neuf ans, on bouge, on le déplace. A un moment donné, je le vois vivre sous une fausse identité. Pendant longtemps, il est resté dans l'obscurité et puis après, vers quinze ans, treize-quinze ans, je ne me rends pas très bien compte, je vois un couple de paysans qui le garde.

Mais, auparavant, il est resté longtemps à tourner en rond dans un endroit sombre, sans lumière.

Il n'était pas si bien caché qu'on l'a cru... Comme je vous l'ai dit, il y a eu aussi, à l'intérieur du palais, des fuites dans tous les sens. C'est pourquoi il m'est si difficile de voir, tout le monde trahit tout le monde... On parlait, on savait qu'il avait survécu. On s'est dit qu'on le ferait sortir, puis on l'a caché... En tout cas, ce n'est pas un imposteur, ni un pantin. Il a été manipulé...

Tout au début, des écrits de sa mère à quelqu'un d'autre révélaient qui il était et l'histoire entière. Tout cela est brûlé, déchiré. Je ne peux pas dire : « Oui, on va retrouver des preuves. » Je n'en vois pas... La seule chose que je vois, à un moment donné : une correspondance entre deux chancelleries où l'on donne l'ordre de le faire disparaître, parce qu'il est gênant. Je le vois sortir du pays pour un autre Etat... à l'époque des correspondances, des lettres entre ces deux Etats. Un échange de lettres entre des personnages importants concluait : « Maintenant, il faut en finir avec lui. » J'ai l'impression que tout a été détruit.

Je vois le feu. Des choses ont brûlé. Un bâtiment a brûlé ? La tour où il avait été enfermé ? Quelque chose a brûlé là où il a vécu, ou a été détruit pendant la guerre... une guerre qui a eu lieu bien après...

Qui est le grand N, une femme autour de lui ? Je vois un M ou un N. M plutôt que N. *(Marie, troisième fille de Charles et de Stéphanie, dont on disait qu'elle possédait, grâce au journal secret de sa mère, la preuve de la survie de son frère. A sa mort, en 1888, la police de Baden-Baden se saisit de tous ses papiers.)*

Je reviens à l'assassinat. Entre deux chancelleries, ordre a été donné de le supprimer. Un courrier est échangé, mais tout a été brûlé. Donc on ne peut pas retrouver de preuves. Je le vois marcher, sortir d'un endroit, d'un restaurant ou d'une auberge... Il buvait beaucoup. Je le vois boire beaucoup. Il n'est pas vraiment ivre. Je vois le sang couler. Il fait nuit... Je me demande s'il n'a pas reçu aussi un coup violent sur la tête. Un coup s'abat sur lui. Je me demande si on ne l'a pas aussi roué de coups. Que de violence sur lui ! Sa mort me donne un profond malaise. C'est évident, on a envoyé des assassins.

La clef de l'affaire : le vrai père... Je ne peux aller plus loin.

Question : Yaguel Didier, vous n'avez pas dit qu'il s'agissait de Gaspard Hauser.

Yaguel Didier : Gaspard Hauser ? Ah ! bon.

Commentaire

Il ne fait aujourd'hui pratiquement plus de doute que Gaspard Hauser était le fils de Stéphanie de Beauharnais, enlevé par la comtesse de Hochberg, et qu'il fut assassiné sur l'ordre des enfants de cette dernière, qui régnaient sur le grand-duché de Bade, pour éviter qu'il ne monte un jour sur le trône.

Une fois de plus, dès le début de la voyance, sont campés en quelques phrases le sexe, le comportement, l'expression physique et ce qui sera le sujet de l'énigme.

Par rapport à la vérité historique, aux faits établis, et comme dans toutes les énigmes soumises ici à Yaguel Didier, on est frappé de l'exactitude des précisions, qui laisseraient supposer qu'elle est un historien chevronné... Malgré l'insistance, voire les répétitions des détails, il semble bien que la malheureuse vie de Gaspard Hauser décrite ici soit conforme à ce que l'on sait :

— « Trois années, même plus, d'ombre complète » : sa vie, depuis sa naissance jusqu'en 1816, chez les

Blochmann dont le père travaille dans une filature appartenant à la comtesse de Hochberg.

— Les difficultés d'élocution, les angoisses, les peurs paniques sont conformes à la réalité.

— L'internement de Gaspard Hauser dans ses différentes « prisons ».

— Les nombreuses lettres et écrits falsifiés ou disparus.

— « Des cadavres autour de tout cela » : plusieurs morts providentielles ouvrent le chemin du trône aux fils de la comtesse de Hochberg, épouse morganatique du grand-duc Charles-Frédéric.

— Les portraits de la « vieille dame », la comtesse de Hochberg, intrigante et cruelle.

— Sans citer une seule fois Gaspard Hauser, contrairement à l'identification rapide de la plupart des autres énigmes, Yaguel Didier précise certaines dates, emploie les mots exacts de certains des acteurs : « S'il meurt, tant mieux, mais qu'on ne le tue pas. » Enfin elle désigne clairement Gaspard Hauser puisqu'elle dit voir un grand G (Gaspard) ou un O (phonétiquement Hau de Hauser).

Mais la révélation de Yaguel Didier réside dans le fait qu'elle annonce la bâtardise du premier enfant de Stéphanie de Beauharnais, épouse du grand-duc héritier de Bade. On sait que le couple manque d'harmonie, que Stéphanie est légère, capricieuse. Mais Yaguel Didier franchit le pas et affirme que le premier enfant (des cinq qu'elle eut) fut d'un autre que de l'époux légitime.

A bien y réfléchir, on peut se poser la question : n'est-ce pas la raison profonde de la substitution de l'enfant chétif du ménage Blochmann, qui mourut trois mois plus tard ? La comtesse de Hochberg, sans doute au courant des amours adultères de Stéphanie, possède un excellent moyen de chantage pour assurer à ses fils le duché de Bade. Les intrigues, les renversements d'alliances politiques, les complots ourdis et déjoués, les trahisons des uns et des autres, font de cette tragédie shakespearienne le malheur de celui que l'on appela « l'orphelin de l'Europe ».

Le mystère de la mort de Louis II de Bavière

En 1886, les extravagances et surtout les folles dépenses du roi Louis II de Bavière le firent déposer. Déclaré fou, arrêté, il fut enfermé sous bonne garde, au château de Berg, tandis que son oncle, le prince Luitpold, assurait la régence. Peu après, un soir d'orage, Louis II sortit faire une promenade dans le parc du château-prison, en la seule compagnie de son médecin aliéniste, le docteur von Gudden. Ils ne devaient jamais revenir. On retrouva, dans la nuit, les cadavres des deux hommes dans le lac voisin.

On soutint que Louis II, ne supportant pas son sort, s'était suicidé en se noyant. Mais certains soupçonnèrent que, devenu encombrant pour son successeur au pouvoir, il avait été assassiné. Puis on parla de marques de strangulation sur le cou du docteur von Gudden. Louis II n'avait pu se noyer : son cadavre baignait dans vingt centimètres d'eau. On affirma alors que le roi avait tué son médecin-garde-chiourme, puis avait tenté de fuir à la nage, mais qu'un arrêt du cœur l'avait terrassé.

Une photo de Louis II est soumise à Yaguel Didier sous enveloppe scellée.

Yaguel Didier: C'est un homme...
Je ne sais pas ce qu'il a fait politiquement, mais il a pu faire des choses. Il a entrepris une œuvre. Il n'était pas si idiot que cela. Il est très, très fort. Il aurait pu faire des choses extraordinaires.

Il avait confiance en très peu de gens. Une ou deux personnes dans son entourage uniquement avaient sa confiance.

Oui ! Il était impuissant. Même s'il avait des aventures. Il était très bizarre. S'il avait des aventures, c'était plus dans sa tête, cela relevait plus du fantasme que de la réalité. Son imagination enfiévrée frisait la mégalomanie. Mais, même pas, c'était plus beau. C'était un véritable idéaliste, vivant ses amours vraiment, les mettant sur un piédestal. C'était vraiment la beauté pour la beauté, dans un esthétisme aussi bien physique qu'intellectuel... Il y avait chez lui une forme d'impuissance.

Il s'essayait à des aventures, mais cela ne marchait pas. Ses aventures ont été beaucoup plus platoniques que sexuelles. Je vois ce côté enfiévré, passionné. Il a eu une aventure avec un musicien, mais c'était dans sa tête, pas autrement. *(Wagner ?)*

Il a vécu quelque chose de décisif à l'âge de sept ans. Entre sept et neuf ans... *(C'est à cet âge que Louis II est profondément bouleversé par le départ de sa gouvernante qu'il adore et qui sera remplacée par le comte Théodore Basselet de La Rosée.)* Très tôt, il y a eu de petites histoires amoureuses homosexuelles. Jeune, très jeune. Il était vraiment à la recherche... c'était beaucoup plus vécu au niveau de la tête qu'autrement. Ce qui le poussait à des excès. A la base, une sorte d'impossibilité, par impuissance, non par principes moraux, lui faisait faire toutes ses folies. C'est cela le cœur du problème. C'est là où il est pathétique... Il a une bouche insensée.

Je suis devant sa mort. Il est mort la nuit ou au petit matin. Il fait nuit noire. Il n'était pas dans l'eau, quand même ? Je vois de l'eau glacée. On l'a retrouvé noyé ? Je vois un homme noyé. Je le vois glisser. Je n'ai pas l'impression que ce soit un suicide. C'est presque un accident. Je vois quelqu'un dans un état second, comme il l'était certainement de plus en plus, les derniers temps, très exalté, dans un état particulier. Je vois de l'eau, je le vois tomber et glisser. Mais je ne le vois pas se jetant à l'eau... Il glisse, il tombe, il suffoque, il se noie... C'est un accident, pas un suicide ni un assassinat.

Avant de mourir, il préparait des choses... Il était terriblement épié et il savait. Je dirais presque qu'on n'a rien fait pour le sauver. Dans son entourage immédiat, on n'avait qu'une envie : qu'il disparaisse... Lorsqu'il est tombé dans l'eau, il a appelé, mais nul n'est venu le secourir. Je le vois tomber dans l'eau.

Je le vois suffoquer. Je le vois se débattre, et je le vois flotter tout d'un coup ; il étouffe et il meurt. Cela a duré très longtemps. Il a essayé d'appeler, mais l'a-t-on entendu ?

Je vois bien la scène : il s'est noyé, mais insensiblement. Il est sur le rebord de l'eau, il tombe. Il marche et il tombe... Il s'est donné un coup en tombant, s'est cogné, je le vois couvert de bleus, d'ecchymoses. Je ne voudrais pas affabuler... On reviendra sur la question, je ne suis pas sûre, mais j'ai l'impression qu'il reçoit un coup sur la tête...

Il est complètement fou. Et impuissant... Je le répète, je le vois tomber à l'eau. Il s'est cogné contre les rebords. Il est à moitié assommé... Celui-là aussi, il fallait qu'il meure. Il gênait des gens... Lui aussi, on a entretenu sa folie... Mais il était quand même particulier... C'est Louis II de Bavière, n'est-ce pas ?

Je le vois fou et impuissant, mais il n'a pas pensé un instant : « Je vais me suicider. » Il est tombé par accident. Je le vois flotter dans l'eau. Il fait très froid... Un foulard lui serre le cou. Je vois une cape, une tenue extravagante et je ne sais pas pourquoi, un foulard lui serre le cou... Est-ce qu'il vivait, à ce moment-là, un amour impossible ? Avec quelqu'un de jeune ?

Ma vision est très nette. Je le vois marcher au bord de l'eau, il fait nuit, il part se promener, des ombres le suivent. Je ne dirais pas qu'on l'a poussé, mais qu'on ne lui a pas porté secours ; il a crié, il a appelé et on l'a laissé mourir. On n'est pas venu à son aide. Je le vois affolé, appelant... Ce n'est pas un suicide. Je le vois recevant un coup. Comme si la tête avait cogné quelque part.

On avait peut-être l'intention de le tuer, mais on n'a pas eu besoin de le faire... Je le vois tout seul dans sa promenade, mais je vois des ombres derrière lui... Cet accident, on aurait tout à fait pu le provoquer, mais le destin est là qui apporte la solution...

Il y a des témoins. Je vois une personne dans l'ombre, dans l'ombre complètement. Je vois une personne, peut-être deux, mais surtout une, qui avance dans l'ombre, qui attend. Il était très surveillé.

— Lorsque Louis II est sorti du château, pour la promenade, il n'était pas seul. Quelqu'un l'accompagnait, qui n'était pas du tout dans l'ombre. Son médecin-aliéniste, considéré comme son garde-chiourme, ne le lâchait pas d'une semelle : le docteur von Gudden.

Yaguel Didier : La personne que je vois, dans l'ombre, n'est pas partie en promenade avec lui. Le médecin, je ne le vois pas. Je vois la personne dans l'ombre, mais pas le médecin. Je le vois tomber dans l'eau ; il est tout seul.

— On a soutenu que Louis II aurait étranglé le docteur von Gudden.

Yaguel Didier : Il ne l'a pas étranglé. Il n'était pas méchant. Il était fou, mais ce n'était pas un violent. Ce n'était pas un accès de folie.

(On montre à Yaguel Didier une photo du médecin von Gudden.)

Le médecin a dû partir en avant. L'autre *(Louis II)* a dû le suivre à quelques mètres. Il tombe, on ne lui porte pas secours ; je vous le répète, cette personne dans l'ombre est fondamentale. Elle est un des nœuds de l'affaire.

— Ce pouvait être le médecin, qui ne lui a pas porté secours.

Yaguel Didier : Ce n'est pas le médecin, mais cet autre, qui est dans l'ombre... Ce fameux médecin, je ne le vois pas. On a tué le médecin, pour faire croire au suicide, pour supprimer un témoin des appels du roi.

Louis II était surveillé, dans une espèce de maison de fous, par des gens en permanence avec lui, qui avaient peut-être déjà l'idée de le faire disparaître. Il marche. Il est seul, il glisse, il tombe dans l'eau, il appelle au secours, il crie, on ne lui porte pas secours.

Le médecin qui s'était écarté, entendant le bruit, revient sur ses pas, il est tué. Toujours la fameuse personne dans l'ombre qui attendait, qui épiait.

— Etes-vous certaine que Louis II n'a pas tué le médecin dans un accès de désespoir ?

Yaguel Didier : Non, non et non. Il aimait son médecin. Il l'aimait, parce que le médecin l'aimait et s'était attaché à lui. A-t-on dit qu'il était attaché à son médecin, qu'il l'aimait bien ? Mais il était fou...

Il gênait certains membres de sa famille... Vous savez, tant que quelqu'un n'est pas mort, il gêne, même s'il est fou. D'ailleurs, il était fou, mais peut-être pas si fou, et il aurait pu revenir sur le trône. Y avait-il dans sa famille un beau-frère, ou un cousin ? *(Le prince régent Luitpold, son oncle ?)* C'est lié à cela... Je vois quelqu'un de la famille, qui avait intérêt à ce qu'il disparaisse. Il restait en effet dangereux, parce qu'il avait des moments de lucidité, il n'était pas si fou que cela. Il parlait, il disait certaines choses, qui revenaient aux oreilles des autres, qui se sont alarmés : « Il devient dangereux, il vaut mieux qu'il ne soit plus là. On l'élimine. »

L'intention de l'assassinat, le complot viennent du cousin. On a dû lui dire : « Attention, il *(Louis II)* parle de s'enfuir, il devient dangereux, donc il faut... » Mais le malheureux a devancé le destin...

Le médecin s'est attaché à lui, reniant son rôle de garde-chiourme au départ. Ils discutaient beaucoup tous deux. Louis II traversait des moments où il paraissait vraiment fou, et d'autres où il montrait une grande lucidité. Il pensait reprendre son trône, revenir au pouvoir, et il en parlait, cela se savait. Bref on s'est dit : « Il devient gênant. » Le médecin était au courant de ce complot.

Je vois le médecin assassiné, mais pas par lui (*Louis II*). Il a assisté à la noyade, mais a été neutralisé.

Je vois Louis II disant : « Je viendrai un mercredi... ou un vendredi. » Il dit : « un vendredi ». Il dit : « L'on a souvent parlé de moi et de la lune, n'est-ce pas ? Je ne vais pas faillir à la légende et je reviendrai lorsque la lune sera à son plein. » Il ne dit pas « lorsque la lune sera pleine », mais « lorsque la lune sera à son plein ». Curieuse tournure... « Que d'étranges choses vais-je vous révéler ! Moi que l'on a cru fou et homme léger... Par-devant, par-devant je me suis trouvé pris entre deux feux... Et à ce moment-là je ne pouvais plus bouger. L'on ne m'a point relevé, l'on ne m'a point relevé, malgré ma main qui se tendait. »

C'est comme s'il disait qu'il avait bien regardé l'homme dans les deux yeux. Et il parle des deux yeux de l'assassin. J'ai la vision de quelqu'un qui tombe dans l'eau, qui reçoit un coup sur la tête, voit quelqu'un, appelle au secours et ce quelqu'un ne fait rien pour le sauver. Je vois ses grands yeux. C'est la pleine lune, le médecin arrive en courant, on lui donne des coups sur la tête, ou on l'étrangle, je ne sais pas.

« Et j'ai entendu longtemps son cri dans mes oreilles. » Il n'est pas mort tout de suite, car il dit que, longtemps, il a entendu les cris du médecin.

« Il faisait froid, ce soir-là. Et l'on ne m'a point aidé à m'en relever. » Il ne dit pas « à me relever », mais « à m'en relever ».

Il dit : « On m'a assassiné, comme ma cousine Sissi. Trois pays complotaient contre mon royaume... » *(La*

*Prusse, l'Autriche et les duchés qui entouraient la
Bavière ?)*

Il dit : « Je n'étais point mal traité. Mais cela restait
néanmoins une vraie prison. Et combien de fois l'on
m'a empêché de sortir ! » Il demande si nous avons
parlé de ses problèmes de ventre, de dysenterie. Il
était gros à la fin de sa vie ? Je le vois très gros,
très boursouflé, plutôt hydropique. *(Louis II était
effectivement gros et ses dents étaient gâtées.)* Peut-
être était-il hydropique ? Et il dit : « L'on me donnait
des brouets infâmes. » Il dit qu'à la fin il avalait
n'importe quoi, il mangeait n'importe quoi. « Car
j'étais déjà bien affaibli », dit-il.

« Ma mère m'a tellement manqué, elle ne s'est pas
occupée de moi. Car confite en dévotion. » *(Sa mère,
la reine Marie, l'était.)* Il a l'air de dire qu'on lui a
préféré un autre enfant. Elle lui a préféré un autre
enfant *(son frère unique, Othon)*. « Car on pensait, à
ma naissance, que j'étais difforme. » Il a l'air de dire
que sa naissance, on l'a attendue longtemps, qu'elle
traînait, traînait ; et que sa mère avait été fort
malade. Elle le rejetait tant sa naissance avait été
une épreuve.

Il dit : « J'aimais tellement la musique, tellement.
Je ne vivais que pour elle. »

J'entends : « On ne m'a pas assassiné, mais on m'a
laissé mourir, ce qui revient au même. Et mon
médecin en savait trop pour qu'on le laisse en vie. »
Le médecin portait-il un monocle ou un pince-nez ?
Dans ma vision, il avait un verre sur les yeux... avait-
il un F dans son prénom ? Il y avait un F entre autres
et un A.

Le médecin dit : « Cela s'est passé vers neuf heures
du soir... Mon invité *(Louis II)*, mon invité n'était pas
un personnage agité, mais quelqu'un de très calme,
avec lequel nous avions de longues discussions. Il

savait pertinemment ce qui l'attendait, il connaissait les raisons de son problème. C'était quelqu'un de très intelligent. Très lucide, totalement lucide sur lui-même. » Le médecin dit : « N'oubliez pas, et dites-le, qu'il prévoyait son destin tragique. Il savait qu'il mourrait, par intuition, non par déduction... Je me suis attaché à lui, car il avait la douceur et par moments la violence d'un enfant, que seuls les enfants peuvent avoir en alternance... N'oubliez pas et n'omettez pas de dire que c'était un esprit brillant, doué de beaucoup d'humour et d'esprit. Je l'aimais comme un fils. On m'a empêché de le sauver. J'avais d'ailleurs écrit un rapport qui a été... supprimé, car je me savais surveillé de près, moi aussi. Vous dirais-je que j'avais mis sans le savoir le loup dans la bergerie et introduit dans mon hôpital des gens qui étaient là pour m'épier et l'épier ? Ceci est très important. Mon témoignage est très important. On m'a étranglé. Ce ne sont pas les mains blanches de mon prince qui l'ont fait. Quelqu'un a été payé pour cela. »

Le médecin continue de parler de Louis II : « Il avait une mémoire extraordinaire. Il aurait pu faire un très bon prince, s'il avait pu continuer. Malgré ses fantasmes et ses folies. L'Histoire a-t-elle dit qu'il aimait particulièrement les sucreries ? Il aimait tellement les sucreries ! Et que de bagues ne portait-il pas ! Que de bagues ! C'était un homme qui soignait extrêmement ses pieds. Il adorait qu'on lui fasse les pieds, qu'on les lui masse. Et je le vois à ce moment-là, sa tête en arrière, dans une grande béatitude. »

Le médecin dit que sa mère *(la reine Marie de Bavière)* l'a aimé, puis rejeté. Il en a beaucoup souffert. C'est le médecin qui parle toujours : « Il adorait les animaux ; il n'aurait pas fait de mal à une mouche. Mais il chassait. A-t-on dit qu'il était

myope ? Qu'il voyait très mal ? Il avait une tendance
à la myopie. Que de nuits suis-je resté auprès de lui,
à l'écouter parler ! Que ne m'a-t-il confié ! C'est pour
cela que je me suis attaché à lui, révisant mon
jugement, revenant sur une première impression, sur
ce que j'avais cru au départ. Attachement qui nous a
été fatal. J'ai été imprudent, en parlant de cet
attachement... Je n'ai pas eu le temps de me débattre,
c'était dans l'ombre, je n'ai même pas vu son visage. »

Je sens très bien la scène... Je suis sûre que cela
s'est passé ainsi. Il dit : « Je n'ai pas pu voir le
visage de l'assassin. Cela s'est passé dans l'ombre,
brusquement. Et la seule chose que je peux vous
dire, c'est qu'on m'a traîné sous un arbre. »

*Yaguel Didier parle avec beaucoup de fermeté dans
la voix.*

Le roi est mort avant lui, avant le médecin. Il est
tombé, on l'a peut-être poussé, je n'arrive pas à voir,
mais il est tombé et on ne l'a pas secouru. Il a crié,
je vois des coups. On ne l'a pas secouru. Il a eu un
malaise, il était drogué. Peut-être le droguait-on.

Le médecin dit : « Il abusait de certains médicaments. Je le laissais faire, parce qu'il convenait lui-
même que c'était néfaste pour sa santé. Mais il avait
du mal à s'en détacher, il y trouvait un tel refuge...
Et dans ces moments-là il partait dans un délire
verbal. Rien ne pouvait l'arrêter... La vraie folie
commençait alors. Il fallait qu'il prenne de petites
drogues. A jeun, il était, en revanche, parfaitement
normal, comme vous et moi. »

Le médecin continue : « Cette nuit-là, je suis parti
devant lui, pour le laisser seul, perdu dans une
profonde mélancolie et une profonde méditation
intérieure. Je sentais qu'il n'avait nul besoin de ma
présence... "Depuis deux, trois nuits, m'avait-il dit,
je ne dors point. Des cauchemars m'assaillent. Je

rêve que des chats me griffent. Je revois souvent le visage de ma mère, mais dans mon rêve elle devient animal. Elle me donne le sein, mais en fait c'est un animal. Je vois des poils, c'est affreux. Et je me réveille en hurlant... Je l'avais déjà rêvé la veille. Je hais ce cauchemar."

« Il avait été si déprimé, la nuit précédente, que je n'ai pas voulu l'importuner et je me suis tenu à plusieurs pas devant lui, pour le laisser en paix. Tout s'est déroulé très vite. Un choc, un bruit, un corps qui tombe dans l'eau, un cri et puis plus rien. Je reviens sur mes pas en courant, on m'arrête, on met une main sur ma bouche et on serre mon cou. »

Le médecin poursuit : « Je n'ai pas vu le visage de mon agresseur. Et j'ai su à ce moment-là que, pour mon ami, c'était fini. Car il était devenu mon ami. Il aimait s'épancher. Il caressait l'idée de reprendre son trône, tout en la rejetant en même temps. Dans ces moments-là, il divaguait, perdait la notion des choses. Je ne pouvais que l'écouter, lui apporter toute l'affection possible.

« Voilà, c'en était terminé de mon ami, l'Histoire a tranché. Mon courroux ne servait plus à rien. J'étais là, impuissant. Mais, un jour, l'Histoire me rendra justice, car certaines personnes ont su la vérité et l'ont colportée. Cela n'a jamais été officiellement écrit et c'est uniquement une histoire transmise de bouche à oreille. Renseignez-vous bien, cherchez, et on vous dira. Vous retrouverez quelques bribes de vérité, certaines personnes, à la suite d'un ouï-dire, l'ont consignée par écrit. Homme pragmatique, je n'ai jamais obéi aux signes du destin. Si j'avais été plus vigilant, si j'avais su écouter mon ami, si j'avais prêté une oreille attentive aux rêves de mon ami... Aurais-je pu prévoir ? Non, le cours de l'Histoire est ce qu'il est. »

— Qui était sous toute cette affaire ?

Yaguel Didier : Le médecin dit : « Un sous-ordre payé à cette fin. »

— Mais qui avait payé le sous-ordre ? Pourquoi voulait-on que Louis II meure ?

Yaguel Didier : Il dit : « Raisons politiques. Raisons d'Etat. Cherchez à la tête du gouvernement, d'alors. » *(Le prince-régent Luitpold.)* Et puis : « Ma famille si bien conseillée... »

— Qui parle là ?

Yaguel Didier : Louis II : « Ma famille si bien conseillée par un ministre tout-puissant devant lequel elle s'inclinait. *(Le Premier ministre Freiher von Lutz ?)* Vivant, je devenais gênant. Je reparlais, et on le savait en haut lieu, de reprendre mon trône. Des intérêts trop grands étaient en jeu. C'était si facile de me faire passer pour fou ! Certes, j'avais quelques dispositions à cela. Mais où commence et où s'arrête la folie ? Passionné, oui, je l'étais. Entêté, obstiné, orgueilleux, volontaire, le goût fou du luxe... L'amour des jeunes garçons est une très belle chose... Et le goût des miroirs. Car j'aimais y retrouver mon image. »

Avait-il deux cousins ? « Deux étaient terribles », dit-il. Ceux qui ont touché le trône. Un était terrible. Il dit : « Sans foi ni loi, n'ayant peur de rien. Cela ne leur a pas porté chance, ils ont régné peu de temps. » *(Un des cousins de Louis II, fils du prince-régent, régnera sur la Bavière.)*

Sissi ? « C'était une petite peste. L'esprit très pointu, autoritaire, sachant exactement ce qu'elle voulait. Egoïste et entêtée. Très personnelle. Mais quel charme, quelle beauté, quel humour, quelle vivacité, quelle tendresse ! Que d'égoïsme ! Que d'égocentrisme ! On en a fait une idole... Mais elle n'était pas cela. Moi qui la connaissais bien... Quel charme, on lui pardonnait tout. Elle avait des yeux rieurs, une bouche gourmande et surtout, lorsqu'elle riait, elle inclinait la tête en arrière comme cela. Ce n'était qu'un chant qui partait de la gorge comme un rossignol, quand elle riait... Pourtant elle pouvait être piquante et méchante, très pointue. » Il ajoute : « Elle a aimé un autre homme que son mari. »

C'était un homme qui portait un uniforme d'officier... Qui est Esterhazy ? Il parle d'Esterhazy... Quelqu'un qu'Esterhazy protégeait dans son propre entourage... Je le vois superbe, en costume d'officier, plus jeune qu'elle. Elle était très amoureuse d'un homme plus jeune qu'elle. Un Hongrois ? Probablement, parce que j'entends : « Esterhazy était près de lui, près de cet homme... » Il était comte. Elle aimait le provoquer, elle était très provocante. Elle adorait la musique, les robes, les bijoux, les chevaux. Il dit : « Les gens étaient fous d'elle. Elle n'était pas commode. Elle savait mener son monde ! »

— Que pensait Louis II de son neveu, l'archiduc Rodolphe ?

Yaguel Didier : Un faible, un curieux caractère. Un incapable. Manipulé. Dur. Il a l'air de dire qu'il est dur et sans cœur. Violent. Adorant sa femme, mais n'hésitant pas à la rabrouer en public. Il lui faisait des scènes, le climat était orageux, mais elle ne se laissait pas faire. Impitoyable mais très dévoué à son pays. Il ajoute : « Pas un vrai sens politique. »

Il dit encore : « Elle *(Sissi)* m'écrivait des lettres folles... Elle fait des lignes et des lignes, décrivant un personnage, un arbre, une situation. Elle adore écrire. Nous jouiions en permanence au chat et à la souris. Nous flirtions verbalement et nous nous amusions à rouler tout le monde dans la farine, en riant des autres à gorge déployée. Elle adorait par-dessus tout parler de son père. Elle l'adorait... Elle parlait de sa mère qu'elle craignait. »

Il dit : « Son père était complètement extravagant et elle me disait qu'elle aurait aimé pouvoir se mettre encore sur ses genoux, comme lorsqu'elle était petite... » Elle n'avait qu'une envie, redevenir adolescente. Elle ne voulait pas vieillir. Elle voulait rester enfant. Il dit encore : « C'était son côté le plus pathétique. Moi non plus, je ne voulais pas vieillir. Nous restions deux enfants, avec les mêmes projets, les mêmes angoisses, les mêmes désespoirs. »

— Louis II s'attendait-il à être détrôné ?

Yaguel Didier : Louis II dit : « Il y avait des bruits de couloir, l'on m'avait bien prévenu que cela risquait d'arriver, mais je n'y avais jamais cru. Je ne pensais pas que ma famille à ce point me trahirait.

Qui est P ? Avait-il un cousin germain qui, s'appelait Paul, ou d'un nom voisin ?

— Luitpold.

Yaguel Didier : C'est lui, il le dit. Il ne pensait pas que ce cousin allait lui faire cela. Il a agi par goût du pouvoir. Louis II dit : « On a beaucoup écrit sur mon histoire avec Wagner. Mais tout ceci est resté platonique... Sa musique m'envoûtait. J'étais amou-reux de sa musique, mais pas du personnage... C'était vraiment un génie. Et je lui en voulais, par moments, de se laisser aller. Je lui en voulais de se laisser dominer par les femmes, par sa femme... Sa musique faisait trembler mon corps tout entier. J'aurais aimé écrire moi-même ces notes. J'aurais fait n'importe quoi... Mais il n'y a jamais eu d'ambiguïté dans mes sentiments pour lui. C'était un grand artiste, que je voulais aider et révéler au monde. » Il dit aussi : « Mais il m'a trahi. Il m'a laissé tomber, m'a lâché. Quel homme prodigieux, quelle bonté en même temps ! Mais quel rêveur ! C'était un rêveur. Il vivait complètement dans sa musique. Il n'avait aucun sens de la réalité, aucun. Je voulais le porter dans mes bras, comme un enfant, Wagner. »

C'est fou, le nombre de miroirs autour de lui, et les volutes des objets... Louis II dit : « En amour, j'ai toujours été déçu. J'ai souvent cru, mais je n'ai jamais reçu en échange ce que j'ai donné. »

— Louis II s'attendait-il à une mort tragique ?

Yaguel Didier : Il dit : « Par rapport à mes rêves, je pressentais une tragédie, mais je n'aurais jamais pensé que ce serait de cette manière. » Il dit : « L'Histoire a-t-elle retenu que je ne me séparais jamais d'un petit coffre, dans lequel je mettais mes lettres ? Tout a été brûlé, détruit. A la fin, je n'avais plus la force d'écrire, mais uniquement de parler à ce médecin, qui était mon confesseur. Il n'a pas eu le temps de tout rédiger... Fatalement, cela aurait été détruit. Il valait mieux, aux yeux de l'Histoire, me faire passer pour fou et m'accuser d'un crime. »

Et il ajoute : « Pauvre mère, ma mère, pauvre femme, si frustrée, si malheureuse ! » Elle est très bigote. Il a l'air de dire qu'elle s'est réfugiée dans la religion : « Je ne l'ai compris que bien plus tard. Parce que j'ai franchi la barrière de l'au-delà. Pauvre femme qui a tant souffert, mais qui a voulu rester digne jusqu'au bout. »

Il dit qu'elle est morte épuisée, chagrinée... C'est tout. Vous savez tout.

Commentaire

Louis II était bien ce que dit Yaguel Didier, bizarre, mythomane : il fabulait, simulait, imaginait. Il avait besoin de s'évader, de se fuir, comme sa cousine Sissi. Sa mégalomanie était naturelle. Il considérait naïvement que tout lui était dû et que tout lui appartenait parce qu'il était roi. Un jour, il avait dix ans, il ligota les mains et les pieds de son frère, le battit, et, quand son précepteur le réprimanda, il répondit : « Othon est mon vassal. » Comme tous les Wittelsbach, il était instable, fantasque, provocant.

Avant de vivre ses aventures, il les idéalisait : un acteur qui l'avait séduit dans un rôle devait continuer à « être » le personnage qui l'avait séduit.

Quant à la fin tragique du roi, la façon dont elle est racontée ici — par Louis II et le docteur von Gudden eux-mêmes — elle a tous les accents de la vérité. Le drame se déroula dans la soirée du dimanche 13 juin 1886, au cours d'une promenade sur les bords du lac de Starnberg. Auparavant, vers seize heures trente, le roi prit une forte collation, mangea beaucoup, but.

L'orage qui menaçait éclate. Il pleut à verse. Dissimulés dans « l'ombre », celle des sous-bois, des hommes surveillent Louis II et son médecin. On sait que le prince-régent et surtout le ministre von Lutz entretenaient au château de Berg des espions, afin d'être au courant des moindres faits et gestes du souverain déchu.

Louis II glisse-t-il sur le terrain détrempé ? Se cogne-t-il la tête dans sa chute ? On « repêchera » son corps, dans la nuit, noyé dans vingt centimètres d'eau glacée. Le docteur von Gudden est retrouvé mort, lui aussi, mais des traces de strangulation sont visibles sur son cou. Suppression d'un témoin gênant ? C'est fort possible, si l'on en croit ses propres « dires »... Eprouvant une réelle affection pour son malade, il aurait pu parler, dévoiler un assassinat camouflé.

L'intérêt de la thèse présentée par Yaguel Didier réside dans les affirmations suivantes :

— Louis II s'est bien noyé involontairement au cours de sa promenade à la nuit tombante.

— La faible quantité d'eau est suffisante pour expliquer une lente agonie, aggravée par la drogue, une blessure sans doute à la tête, le froid de l'eau d'un lac de montagne la nuit, les appels de détresse auxquels il n'est pas répondu.

— Le docteur von Gudden a bien été assassiné, non par Louis II, comme le veut la version officielle, mais par les sbires à la solde du prince-régent, pour supprimer le témoin de ce qu'il convient d'appeler une « non-assistance à personne en danger ».

Le secret de Mayerling

Le 30 janvier 1889 éclatait un des drames les plus romantiques de l'Histoire. L'archiduc Rodolphe, héritier de l'Empire austro-hongrois, se suicidait dans le pavillon de chasse de Mayerling, après avoir entraîné dans la mort sa maîtresse, Maria Vetzera.

Ce jour-là, à 6 h 30, le fidèle Loschek, obéissant aux ordres de l'archiduc, vient l'éveiller. Rodolphe sort de la chambre. Il lui demande de préparer les voitures pour la chasse et de revenir à 8 heures.

A cette heure précise, scrupuleux et exact, Loschek frappe... Il frappe plusieurs fois. Silence. Il tourne la poignée. La porte est fermée de l'intérieur. Inquiet, Loschek avertit les invités du prince, le prince Philippe de Cobourg, qui vient d'arriver de Vienne, et le comte Joseph Hoyos qui, la veille, a chassé en forêt. Ils frappent, ils appellent et finissent par enfoncer la porte à coups de hache. Les trois hommes entrent dans l'antichambre. Seul Loschek pénètre dans la chambre. Il trouve deux cadavres...

Le froid rapport du baron Franz Krauss, chef de la police, indique : *Le visage de la Vetzera, qui ne porte qu'une petite blessure à la tempe, n'est pas défiguré. En revanche, le coup de revolver a effroyablement mutilé le prince, la boîte crânienne a éclaté, faisant jaillir la matière cervicale.*

De ce suicide, on dit aussitôt qu'il est l'aboutissement terrible d'un amour impossible. Puis on découvrit que Rodolphe n'était nullement amoureux de Maria Vetzera au moment de leurs morts. Puis on parla de la folie de Rodolphe, qui l'aurait entraîné à ce geste doublement criminel. Enfin, on soupçonna qu'il s'agissait d'un assassinat politique, camouflé en suicide.

La vérité n'a jamais été connue. Tous les papiers concernant l'affaire ont disparu, ou restent inaccessibles, au Vatican par exemple. Aucun des témoins qui ont connu le fin mot de l'affaire n'a parlé, ayant sans doute juré le silence.

Mais, il y a trois ans, ce mystère historique fut à nouveau évoqué, lorsque la dernière impératrice d'Autriche, l'octogénaire Zita, déclara à la presse que l'enterrement religieux de l'archiduc Rodolphe avait été justifié, car il n'était pas responsable de sa mort... Elle suggérait ainsi qu'il ne s'agissait pas d'un suicide, mais bel et bien d'un assassinat politique.

Une photo de l'archiduc Rodolphe est soumise sous enveloppe scellée à Yaguel Didier.

Yaguel Didier : Y a-t-il là un Allemand ? Il y a des Allemands, des Prussiens... ou des Russes... ou des Hongrois... Je vois trois nationalités, trois origines importantes... j'en vois trois...

Avec une mère très puissante *(l'impératrice Elisabeth d'Autriche, « Sissi » ?)...* très importante pour lui, sa mère... oui, très, très importante... Il n'était pas un peu fou, un peu égocentrique, un peu bizarre ? D'une faiblesse incroyable, mais d'une grande bonté... J'ai l'impression d'un homme enfantin, capable par moments de folies.

Les deux dernières années de sa vie ont été bizarres, n'est-ce pas ? Je dirais presque tragiques, difficiles... Je le vois fou... pas fou à enfermer, mais je le vois dérailler. Cet homme a déraillé les deux dernières années de sa vie.

Il avait une vie nocturne intense. Ou bien il ne dormait pas, il avait du mal à dormir, ou alors il faisait des tas de choses la nuit... C'est un homme de nuit. Il pouvait faire n'importe quoi, lire ou bricoler ou faire des choses très curieuses, la nuit.

C'est un maniaque, un homme affligé de manies, un excentrique, un original... Est-ce qu'il a été assassiné ? On ne le sait pas ?

Sa mère, mon Dieu, sa mère ! Je remonte un peu plus loin, au berceau... Je sens sa mère partout. Elle est omniprésente, occupe la place, alors que le père *(François-Joseph)* est effacé. Il est là pourtant, mais la mère est la personnalité clé.

Tout d'un coup j'entends « l'Autriche, l'Autriche »... puis « la forêt noire », il allait en Forêt-Noire, j'entends « forêt noire ».

Elle est morte assassinée, sa mère... Je dirais de lui qu'il était capable de se donner la mort... mais pas vraiment, et j'en reviens à cette notion de faiblesse... J'ai l'impression qu'il y a été poussé, comme si on l'avait obligé à se tuer, comme s'il avait subi des pressions.

Je vois un très mauvais rapport entre une femme et lui. Je vois deux femmes qui ont compté pour lui. Et j'en vois une, il est mort à côté d'une femme, oui, il y a une femme près de lui... mais elle meurt avant lui...

J'ai l'impression que cet homme était dans une impasse, que cette femme a été très importante... Il était très particulier quand même... Je le vois très paresseux... Je répète, c'était un faible, ce garçon, mais avec un côté gentil, bon...

J'en reviens aux deux dernières années de sa vie. Depuis deux ans, donc, il subissait des pressions. Il ne pouvait pas vivre son histoire sentimentale comme il en avait envie... Elle gênait certainement.

Je dirais qu'il subissait des pressions politiques... Pourtant, il n'a pas fait grand-chose, politiquement.

Mais il gênait certaines personnes... J'ai l'impression qu'il a tué quelqu'un et s'est tué ensuite... Je me balade dans l'événement avec lui. J'ai le sentiment qu'on les avait condamnés tous les deux et qu'il se savait condamné. C'était un esprit enfiévré, très particulier.

Il était avec une femme certainement violente, une forte personnalité, qui devait le dominer.

Je vois la scène... Elle est morte avant lui... Il y a du sang sur elle... Il y a eu un coup de pistolet... Je vois une blessure... du sang à l'épaule. Je n'arrive pas à voir chez qui des deux, mais il y a du sang qui coule d'une épaule...

Ils étaient ensemble, tous les deux... Elle est hystérique et intrigante, sous ses airs de fille de bonne famille... Elle n'était pas de son rang, de son niveau social ; noble mais d'un rang inférieur au sien... C'était une intrigante. Intrigante et hystérique.

C'est là où lui est un faible. Ce n'était pas un imbécile ; très intelligent, au contraire. Avec probablement un certain esprit, un certain humour, mais des idées bizarres... il y avait une folie dans la maison, dans la famille... quelqu'un était certainement un peu fou... Sa mère était étrange.

Il est totalement marqué par sa mère... C'était presque un phénomène œdipien... Elle était trop... Elle était folle. Pas à être enfermée... Je sens que quelqu'un ne veut pas qu'on sache.

Il adorait les chevaux. Je vois l'Autriche... Il était homosexuel ? Il y a quelqu'un d'homosexuel dans sa famille ? Il est très marqué par l'idée, l'image, le mythe de quelqu'un dans la famille qui était homosexuel. Psychiquement marqué... On a dû lui parler beaucoup de ce personnage extravagant, qui menait une vie extravagante. *(Louis II de Bavière, cousin de l'impératrice Elisabeth.)* Il l'avait sans cesse à l'esprit, bien qu'il ne l'aimât pas. Il était très marqué par ce personnage qui était... vraiment fou... Et qui s'est tué, non ? C'est drôle, quelqu'un m'empêche... met le holà.

Il habitait un palais doté d'une pièce tout en miroirs, une « galerie des Glaces »... ou alors c'est son parent, ce personnage fou, qui adorait les miroirs. *(La galerie des Glaces de Chimsee, construit par Louis II.)* C'est curieux, je vois cet autre personnage... C'est Louis II... L'autre, je sais, c'est Rodolphe...

Elle était très exigeante, dure. *(Maria Vetzera.)* Je m'excuse de le dire, mais elle l'emmerdait vraiment... De toute façon, elle est morte avant lui. Comme elle était jalouse et possessive ! Y avait-il des scènes violentes entre eux ? Je vois des scènes très violentes...

Lui, je le vois depuis plusieurs mois, avant le jour fatal. Il est inquiet, on l'ennuie, on l'oblige à faire des choses qu'il n'a pas envie de faire... Je vois la signature d'un accord, ou la possibilité d'un accord... On l'embête, non pas sur sa vie privée, mais sur le plan politique.

On lui demande de faire certaines choses qu'il ne veut pas faire... Il est contre... Y a-t-il des liens avec la Prusse ? C'est en rapport avec la Prusse. Un accord devait se faire, on ne voulait pas le voir se faire... Un litige est lié à la Prusse.

Tous deux avaient un rapport sadomasochiste. *(Rodolphe et Maria Vetzera.)* Il était bizarre, sexuellement parlant... Une faiblesse... Il avait besoin de fantasmer beaucoup... Je vois qu'on le harcèle, et je me demande si on ne l'a pas poussé à bout, obligé à se suicider...

Je sens sa faiblesse, sa fragilité. Il avait des sursauts. Il n'était pas mal, au fond. Il est mort à quarante ans, non ?

Il a été manipulé. Il avait beaucoup de soucis, cela allait mal avec elle, bref un ensemble d'événements a fait qu'il en est arrivé au suicide. Mais je ne pense pas qu'on l'ait tué... On l'a poussé à se tuer. C'est un crime indirect. L'acte final, c'est lui...

Je vois un coup de revolver. Elle était vraiment dure, elle l'enquiquinait... C'était un cerveau dérangé. Le terrain était donc facile. C'est curieux... Ne l'a-t-on pas trouvée dans une autre pièce ?

Je viens d'avoir une vision, de le voir en train de la tuer.

— Pourquoi l'a-t-il tuée ?

Yaguel Didier: Il fallait qu'ils partent tous les deux... Il y avait des rapports étranges entre eux et elle devait certainement savoir des choses... Elle savait trop de choses... Ils ne se sont pas tués par amour, pour se retrouver ensemble dans l'éternité. Non.

Je n'ai pas l'impression qu'elle savait qu'elle allait mourir... Il est allé vers elle et lui a tiré une balle à bout portant... Il ne lui a pas dit : « Maintenant, on va mourir tous les deux. » Il fallait qu'il la tue. Puis il s'est tué lui-même. Ayant un rapport passionnel avec elle, car il l'aimait quelque part, il ne pouvait pas non plus la laisser derrière lui. C'est donc une histoire complexe. Mais il y a été conduit. Par la Prusse.

— Qui l'a poussé à se suicider ? Et pourquoi ?

Yaguel Didier: Je vois des gens proches de son père *(l'empereur François-Joseph)*, mais qui étaient contre sa politique... Des ministres, des hauts fonctionnaires.

J'ai l'impression que le père avait l'intention d'abdiquer en faveur de son fils... *(Rodolphe.)* En tout cas, c'est lié au père, au pouvoir du père. Je suis sûre que le père voulait donner du pouvoir à son fils, se dégager. Toujours par rapport à un autre pays. Ne voulait-il pas, à un moment donné, l'envoyer dans un autre pays ? Il y a quelque chose de politique dans cette affaire... Et c'était plus facile de faire disparaître le fils que le père... Je suis sûre que le père voulait déléguer son fils... Même s'ils n'étaient pas d'accord, il avait décidé de faire quelque chose...

On a monté cette machination pour affaiblir le pouvoir du père, en supprimant l'héritier. C'est vraiment un complot... Au moment où il se déroule, le père revenait sur la décision concernant son fils.

Je la vois *(Maria Vetzera)* tuée par surprise. Lui prend un revolver et tire... et ensuite il se tue.

Je me demande si, à un moment donné, le fils n'avait pas fait des choses contre son père... C'est comme s'il y avait eu un chantage... Il a dû, à un moment donné, être poussé par d'autres. Et puis il y a l'histoire avec la Prusse... A propos des rapports avec la Hongrie... Le fils a dû être mêlé à une histoire contre son père et il s'est fait « piéger ». Quand il s'est rendu compte qu'il avait été manipulé, il a choisi le suicide.

Au départ, les comploteurs n'y avaient pas pensé, ils n'avaient pas monté le coup pour qu'il se suicide. On a voulu se servir de lui, pour atteindre le père... On ne lui a pas dit : « Vous n'avez plus qu'une seule issue : vous suicider. » C'est lui qui y a pensé.

Un groupe de politiciens essaie de lui faire faire quelque chose contre son père. Lui s'aperçoit qu'il est compromis. Et il fait marche arrière. Il fait marche arrière, c'est très curieux... c'est plus ambigu que cela. Je vois des gens qui viennent discuter avec lui, les choses se passent la nuit. Des rendez-vous sont pris la nuit... cela grouille. On essaie à nouveau... On lui fait des promesses... Ce groupe d'hommes, qui l'a amené à se compromettre, savait très bien que cela allait en même temps le détruire. Et je vois quelqu'un qui lui dit : « Il n'y a plus d'autre issue. » La finalité était de l'amener au suicide. Ce n'était pas dit crûment. Ce n'était pas formulé...

Dans le complot, je vois trois ou quatre personnages principaux, dont un, grand et fort, dont on a beaucoup parlé. *(Bismarck ?)* C'était un ministre, d'une énorme importance... Ce sont des gens proches du père qui ont fait cela... Le père étant hors du coup, un homme très près de l'empereur s'allie à d'autres pays... Ai-je mentionné la Prusse ? La Hongrie ? C'était juste avant un voyage que devait entreprendre François-Joseph dans un de ces deux pays... Un voyage capital. C'est là toute l'affaire ! C'était à propos d'un voyage que le père devait faire... et il ne fallait pas que cela se fasse... Je pense à la Hongrie.

Il était déjà dans une mauvaise passe avec Maria Vetzera. Il était déprimé, affaibli, mal dans sa peau, très amoindri. Il était une proie facile. Il s'est tué par peur du déshonneur. Mais la menace était très nette de la part des autres *(les comploteurs)* : ils lui ont fait comprendre que la seule issue était le suicide.

Cela s'est passé un matin... au petit jour...

On lui a dit : « Voilà ce qui vous reste à faire. C'est cela, ou alors... » On lui a mis un marché en main.

— Et pourtant, vous croyez qu'à la veille de sa mort, son père songeait à lui déléguer une responsabilité quelconque ?

Yaguel Didier : C'est une histoire très complexe. Le père a su la vérité. La famille aussi... après. Ils ont tout appris... Et ils en ont fait une histoire d'amour, pour camoufler la vérité. En fait, à l'origine, il y avait un complot pour atteindre le père et le fils, afin de déstabiliser l'Empire. On a parlé d'un accès de folie, pour l'enterrer religieusement. Mais c'était vraiment un énorme complot.

Les preuves de la vérité, on peut les trouver dans les familles... Des gens connaissent la vérité, encore aujourd'hui. Elle s'est dite de bouche à oreille... Puis il y a eu des lettres. Aucun document officiel ne reste, mais des documents privés, de la famille.

— François-Joseph ayant connu la vérité, ayant su le complot, pourquoi n'a-t-il pas empêché les comploteurs ?

Yaguel Didier: Le père ne pouvait pas officiellement désigner les comploteurs. Il était au courant mais ne pensait pas que son fils se suiciderait... Il ne pouvait pas, parce que cela touchait des gens très près de lui, des gens trop importants... Cela aurait pu créer des troubles, une révolution... Le complot remontait trop haut, jusqu'à la tête de l'Etat. Le père était au courant de tout, mais ne pouvait intervenir.

Maria Vetzera était un personnage dangereux, il fallait qu'elle disparaisse. On a poussé Rodolphe à l'éliminer. Il ne l'a pas tuée en se disant : « C'est mon amour, je l'entraîne avec moi dans la mort. » Pas du tout. Cela aussi lui a été suggéré : « Non seulement toi, mais elle aussi. » De plus, cela accréditerait la thèse du suicide amoureux. Bref, cela arrangeait tout le monde... Elle ne savait pas qu'elle allait mourir. Je le vois, lui, en train de tirer sur elle, pendant qu'elle dort... Elle est en plein sommeil. Il est allé la tuer.

Je me demande s'il n'a pas écrit quelque chose, s'il n'a pas laissé une lettre, ou des écrits ? Je vois des écrits... Je suis sûre qu'il a laissé des écrits derrière lui. Il a écrit... Il n'est pas parti comme cela.

Commentaire

L'archiduc Rodolphe, né le 21 août 1858, était un homme sensible, intelligent et cultivé. Mais il portait en lui « la malédiction des Wittelsbach » : l'héritage de leur sang, la folie qui rôde, l'instabilité, une nervosité maladive, le besoin de se fuir et l'obsession de la mort. Rodolphe matérialisait cette obsession par une tête de mort en permanence sur son bureau et très souvent, près d'elle, un revolver. « C'est dangereux », dira un jour sa mère au valet Loschek. Le portrait qu'en fait Yaguel Didier semble exact, particulièrement concernant sa vie nocturne.

La forêt noire dont il est question est sans doute Mayerling, avec ses bois épais, le terrain de chasse et le château, ou plutôt le pavillon de chasse. Mayerling était la propriété du prince impérial.

Yaguel Didier évoque ensuite la mère de Rodolphe. « Sissi », Elisabeth d'Autriche, reine de Hongrie, a été effectivement assassinée à Genève le 10 septembre 1898 par Luigi Lucheni. Celui-ci était venu à Genève « avec l'idée, dira-t-il, de tuer une personne de haute condition ».

La personnalité de Maria Vetzera, telle que la voit Yaguel Didier, correspond bien, semble-t-il, à la réalité. Maria Vetzera a dix-sept ans quand elle rencontre Rodolphe. Elle est jolie, d'un type oriental accentué. Les Vetzera sont d'origine grecque et de petite noblesse ; ses cheveux bruns ondulent avec des reflets fauves, son teint pâle est à peine rosé aux pommettes, ses yeux bleu-vert sont magnifiques. Elle a, écrit Claude Anet, « le plus précieux des dons, la grâce qui appelle le désir des dieux et des hommes ». Ainsi « dotée » par la nature, elle est romanesque, orgueilleuse, volontaire, ardente, sûre d'elle. Ce mélange de candeur, de rouerie, de sincérité séduira le prince impérial. Il est à elle. Elle veut « durer ».

Plus loin, il est fait mention de l'amour de Rodolphe pour les chevaux. Comme sa mère, « admirable amazone qui anéantit ses forces en d'hallucinantes chevauchées », Rodolphe aime les chevaux.

Les liens avec la Prusse, sur lesquels Yaguel Didier s'interroge, existent bien. Guillaume Ier a été proclamé empereur d'Allemagne le 18 janvier 1871 dans la galerie des Glaces, à Versailles, selon la volonté du chancelier Bismarck, ennemi de toute mesure libérale et hostile à l'Autriche.

Frédéric, fils de Guillaume Ier, est opposé à la politique de son père et de Bismarck, comme Rodolphe avec ses idées libérales est farouchement opposé à la politique de son père et de ses ministres.

Frédéric et Rodolphe se « savent proches ». Ils espèrent. Ils attendent. La situation politique de l'Autriche n'est pas brillante : battue par la France à Solferino le 24 juin 1854, puis par la Prusse à Sadowa le 3 juillet 1868, son armée détruite et ses finances ruinées, elle doit faire des concessions à l'intérieur et laisse la prédominance à la Prusse. En 1867,

François-Joseph, contraint et forcé, reconnaît l'indépendance de la Hongrie, tout en étant couronné roi de Hongrie.

Yaguel Didier parle ensuite de complots, dans lesquels Rodolphe aurait été « piégé ». Là encore, telle est la réalité. Tout viendra de Jean Salvador, le cousin de Rodolphe. Il a six ans de plus que lui, il est brillant, impétueux, sarcastique, libéral. De ses ascendances florentines, il a le goût irrépressible des intrigues et des complots.

Tatillon et borné, l'empereur François-Joseph a peur de lui et de ses extravagances. A Vienne, on ne l'aime guère, sauf l'impératrice et Rodolphe, qui tient de sa mère un libéralisme généreux et chimérique et la conviction que les jours de l'Empire absolu sont comptés.

Plus le prince héritier sera écarté des affaires de l'Empire par l'autoritarisme jaloux de son père, et plus Jean Salvador prendra sur lui « une influence presque magnétique ».

Il le compromettra en faisant croire à ses amis « libéraux, indépendants, comploteurs, extrémistes » que, le moment venu, le prince prendra la tête du coup d'Etat contre son père.

Il le piégera en le mettant en face d'engagements que Rodolphe, velléitaire, n'a jamais eu le courage de prendre.

Il le piégera encore en le poussant à écrire des articles anonymes dans le *Nouveau Journal de Vienne* que Rodolphe, travaillé, poussé et excité par lui, intitule amèrement et rageusement : *Croquis politiques tels que peut en réunir un observateur placé à proximité des commandes de la vie politique, sans pouvoir y accéder.*

Quant au personnage gros et fort dont il est question, ce peut être Bismarck. Renvoyé par Guillaume II qui ne partageait pas ses idées, Bismarck « démissionna ».

Entre Guillaume Ier et Guillaume II, il y eut le règne, très court, de Frédéric III, fils de l'un et père de l'autre. Frédéric III succéda à son père le 9 mars 1888 et mourut à Potsdam le 15 juin 1888, emportant tous les espoirs de libéralisme que Jean Salvador et Rodolphe avaient mis en lui.

Rodolphe se suicidera sept mois plus tard. Deux jours avant sa mort, il avait remis à la comtesse Larisch Wallersee, sa cousine, un petit coffret d'acier en lui disant : « J'ai peur que l'empereur ne fasse perquisitionner chez moi. » Il avait ajouté : « Si je meurs, ne le remettez qu'à la personne qui dira seulement R.I.U.O. » *(Rudolf Imperator Ungarn Osterreich* : Rodolphe Empereur Hongrie Autriche). Jean Salvador viendra, prononcera bel et bien les quatre lettres et emportera le coffret d'acier.

En ce qui concerne enfin l'hypothèse du voyage qui ne devait pas se produire, il y avait périodiquement des projets de voyage en Hongrie. Elisabeth y était populaire. Elle rassurait les Hongrois qui la savaient gagnée à leur cause, ainsi que Rodolphe. L'un et l'autre ont pu pousser l'empereur à en entreprendre un, mais dans quel but ? Et en quoi pouvait-il être si important ?

Ce qui semble sûr, à la lumière de ce que dit Yaguel Didier, c'est que la découverte de la participation « sentimentale » ou forcée à un complot contre son père et contre l'Empire aurait déshonoré Rodolphe.

Le complot fomenté par son cousin Jean Salvator le hante. Ses propos ambigus ont fait croire aux conjurés qu'il en est le chef, qu'il détrônera son père. Qu'il libérera les minorités.

Il se sent le dos au mur, sait qu'il n'aura jamais le courage d'affronter son père. Il est acculé. Tout se ligue contre lui. Il est malade, usé, inquiet. Il se sent prisonnier de situations inextricables. « La vie que je mène m'écœure », répète-t-il souvent.

A Mayerling, le 30 janvier 1889, il tient la parole donnée à son père : il revoit Maria pour la dernière fois. Il doit la tuer : elle sait trop de choses... Elle voulait le suivre jusque dans la mort. Elle le précède. Il la suit. Ainsi, il décapite le complot contre son père. Il se libère de Jean Salvador. Il se libère de sa femme. Il se libère du pouvoir. Il rejette enfin son âme trop lourde.

La longue lettre qu'il laisse à sa mère commence par ces mots : *Ma mère, je n'ai plus le droit de vivre, j'ai tué...* Dans celle qu'il écrit à sa femme, il affirme : *Je vais vers la mort qui seule peut sauver mon bon renom.*

Identification de Jack l'Eventreur

Du 6 août au 9 novembre 1888, un mystérieux meurtrier assassina de façon atroce six prostituées dans Whitechapel, l'un des bas-fonds de Londres. L'opinion publique fut bouleversée, la presse déchaînée, police et gouvernement sur les dents. Puis, brusquement, les meurtres cessèrent et l'assassin, que personne n'avait vu, ne fut jamais retrouvé. Diverses personnalités furent soupçonnées d'avoir été Jack l'Eventreur, ainsi qu'il se baptisait lui-même dans ses lettres à la police et à la presse.

Une enveloppe fermée contenant des photos des victimes de Jack l'Eventreur est soumise à Yaguel Didier.

Yaguel Didier: Je vois plein de femmes. Les femmes sont importantes chez ce personnage. C'est au XIXᵉ siècle et c'est un homme. C'est un meurtrier... C'est un meurtrier, cet homme. Cela se passe en Angleterre ? Je vois l'Angleterre, je vois des ruelles. Je vois un homme qui les étrangle. Je vois un homme en noir et je vois un noble. Un noble, peut-être un grand bourgeois. Je vois un grand bourgeois et je vois un homme s'emparer de ses victimes... Je vois l'ombre, des rues étroites, un homme de la grande, grande bourgeoisie, si ce n'est un aristocrate... On n'a jamais su qui c'était...

Plusieurs choses : d'abord, ces femmes ! L'une s'appelait Marie, Marguerite, Margot, M, ou Rose-Marie. C'est elle qui dit : « Je crie vengeance, car j'ai laissé un orphelin. » Elle a laissé un petit garçon. Il a tué cette Rose-Marie, j'en suis sûre. Et cette femme crie, parce qu'elle a laissé un orphelin...

Cet homme était très séduisant, beau, grand, brun ou châtain, et avait des yeux d'acier. Il attrapait ses victimes en leur parlant doucement, leur faisait boire du thé. Son comportement me fait penser à Landru ou au docteur Petiot.

Au départ, il les séduit. Par la parole. Par ses belles manières. Ce n'est pas un voyou. Son vice me fait penser à Gilles de Rais. C'était un fou, un malade et il aimait étrangler ses victimes. Il les étranglait. Il les ouvrait, les égorgeait ?

C'était un homme érudit, cultivé, de la meilleure naissance. Je le vois faisant un signe de croix sur le corps des femmes qu'il tuait. Il les incisait d'une façon particulière, cabalistique... comment dit-on ? initiatique... ésotérique...

C'était de la folie pure. Mais ce fou ne tuait pas tant pour le plaisir de tuer que parce que cela correspondait, chez lui, à un rite. Il tuait d'une façon rituelle.

Il tuait ses victimes la nuit. Je vois surtout... au moment où la lune monte... Les périodes de pleine lune étaient importantes pour lui, et cela se passait souvent les débuts de semaine, les débuts ou moitiés du mois.

Il les aimait jeunes, ses victimes, il les prenait très jeunes. Elles n'avaient pas plus de trente ans. Je vois ses yeux... On dirait qu'ils sont noirs comme de l'encre mais en fait ils sont bleu acier. Par moments, je vois le visage de quelqu'un d'à peine trente ans et, à d'autres, j'ai l'impression d'un visage de cinquante ans. Donc, l'homme qui, s'il a trente ans, en paraît cinquante ou l'inverse. Il a un beau visage, un très beau visage, très régulier, taillé à la serpe... le front très ouvert, les tempes dégarnies. Il était toujours en noir, de noir vêtu, avec une redingote, fin XIXᵉ siècle, début XXᵉ, typique de l'époque.

Il en a tué une... elle était blonde, bouclée. Je me demande si son portrait n'est pas dans l'enveloppe... Elle est blonde, bouclée, avec des frisettes. Elle a un bon visage rond et elle est jolie. Elle a une tête de poupée. C'est curieux, il lui a proposé du travail.

Il a tué une vingtaine de femmes ? En tout cas, une bonne dizaine. Oh ! non, plus ! Je me demande s'il n'en a pas tué plus qu'on ne l'a su. Il en a tué à peu près vingt, vingt-cinq. Et tout ne s'est pas su. Il les étrangle et les saigne.

Cet homme est marié ? Je vois une femme, une famille et des enfants. C'est un homme... professionnellement, plein de papiers autour de lui. Ce n'est pas un homme des rues. Ce n'est pas un paysan, un ouvrier. C'est un homme de grande éducation et tellement malin ! Sa position sociale l'a sauvé. On ne l'a jamais retrouvé. On n'a jamais su qui il était. Vu sa position, on n'a jamais pensé que ce pouvait être lui... Il aurait pu avoir étudié le droit, la magistrature. C'est un homme érudit. Je vois des livres, des écrits, et je pense au droit, à la justice...

Est-ce un homme marié, avec deux enfants ? Mais c'est un monstre, évidemment. Il s'est suicidé. Il vivait dans les environs de Londres, dans les faubourgs... Mais il venait à Londres très souvent, où il avait peut-être un pied-à-terre. Dans la semaine, il était à Londres pour son travail, et les week-ends il retournait dans sa campagne. La femme ne savait évidemment pas. Personne ne savait parce que c'était un homme de la plus grande froideur et de la plus grande réserve dans la vie sociale. Je le vois en train de lire des journaux, glacial. Nul n'aurait pu se douter. Sauf qu'à la fin de sa vie la femme a compris et je me demande si ce n'est pas pour cela qu'il s'est suicidé...

Je pense qu'il avait quarante ans, au moins, lorsqu'il est mort. J'ai l'impression de quelqu'un de fatigué, qui s'est suicidé d'épuisement. Je le vois tomber...

Il étranglait des petites jeunes filles de vingt ans ? Quinze-vingt ans ? Je vois quinze-vingt ans. C'est un malade. Il en a tué plus de vingt. On ne lui en a attribué qu'une dizaine. Moi, je dis beaucoup plus. Je le vois les étrangler quelquefois avec un foulard, quelquefois avec ses mains, mais toujours selon un certain rituel. Et il leur faisait toujours une incision, après. Il les incisait, les égorgeait quand elles étaient encore lucides. C'est cela qui lui plaisait, c'est cela qui l'excitait.

C'était un homme assez grand et maigre, beau, qui arrivait sans mal à les séduire. Il leur parlait, les invitait à parler, à boire quelque chose... Cet homme a la voix très douce...

Il avait assisté, enfant, à une scène... soit son père est mort, lorsqu'il était très jeune, d'une façon violente et brutale, et il a vu du sang. Donc, rappel de cette scène *(lors de ses meurtres)*. Soit ce n'est pas son père et il a été témoin, enfant, de la mort de quelqu'un. Il a vu. Il a perdu son père d'une façon tragique, peut-être assassiné, ou mort devant ses yeux, écrasé, ou un proche.

J'ai l'impression qu'il a été refusé dans l'armée, malgré sa demande. Sa famille n'est pas d'origine aristocratique, mais appartient à la bourgeoisie de province ou de Londres, genre commerçants enrichis. Je le vois élevé par une tante, par une mère et une tante. Il a été élevé par des femmes, son père est mort lorsqu'il était jeune, et il ne s'en est jamais remis. Au départ, il bégayait, avait des problèmes de langage. Je le vois faisant des études. Il a même été éduqué par un précepteur : je vois quelqu'un lui apprendre, lui donner des leçons à domicile. Ce qui me fait dire que ce n'est pas n'importe quelle famille.

Il a assassiné, une Leslie, une Lilian ou Lily. Il ne les violait pas. Ce n'est pas une histoire sexuelle... C'était pour le plaisir. Cet homme, pour moi, était homosexuel.

Seule sa femme s'en est doutée... Sa femme ou sa mère. Sa femme ou sa mère : je le vois un soir, qui a été certainement le soir du dernier assassinat, où il a failli se faire prendre, je le vois rentrer en courant dans un état bizarre : une femme lui ouvre la porte.

Il n'a pas ses clefs, il ne sait pas comment rentrer et on lui ouvre. Je ne sais pas si c'est sa femme avec deux jeunes enfants ou si c'est sa mère avec des jeunes frères et sœurs.

Il couvre ses victimes de fleurs, au départ. Il leur offre des fleurs, leur parle, et leur parle bien. J'ai l'impression qu'il a sévi dans d'autres quartiers. Je le vois prendre le train. Il vit dans un hôtel...

Ce n'est pas un homme marié, je n'ai pas l'impression... Les enfants... doivent être ses frères et sœurs. Je n'arrive pas à voir si ce sont ses enfants ou ses frères et sœurs. Mais je peux vous dire qu'il s'est suicidé parce que quelqu'un dans sa famille a compris qui il était. Il est rentré un soir, il avait des vêtements *(d'une de ses victimes).* Il les mettait nues, ses victimes ?

Une femme, sa femme, sa mère ou sa tante, le voit arriver avec des vêtements. Je vois des vêtements entassés dans une cave profonde. Il descendait ces vêtements dans une malle, à la cave. Il avait un côté fétichiste. Je le vois sentir l'odeur des vêtements. C'est Jack l'Eventreur, n'est-ce pas ?

Il a fait plus de victimes qu'on ne croit.

Ses victimes... je me demande s'il n'en jetait pas dans l'eau, dans la mer, dans des rivières, dans des puits... Je vois Catherine, Mary Kelly, Martha... Il n'était pas du quartier des victimes. Ce sera difficile d'avoir des preuves. Je vois néanmoins un magistrat de l'époque qui, le seul, aurait pu approcher de la vérité. Mais, faute de preuves, il n'a pas pu l'arrêter, bien qu'il eût établi son portrait-robot... J'entends une des victimes : « Mais pourquoi cherchez-vous à savoir ? C'est si peu intéressant. »

Des photos de ceux qu'on a soupçonnés d'être Jack l'Éventreur sont montrées à Yaguel Didier.

Yaguel Didier : Je sens un poète, quelqu'un qui écrit, qui a fait du droit.

Elle s'arrête à celle de Montague John Druitt.

Yaguel Didier : Je vois un nom avec un *i*, oui, *uit*. C'est celui-là ! Il est beau. Il est homosexuel. On peut retrouver des renseignements dans les archives. Il n'a pas de femme et, en même temps, il se venge des femmes, pour avoir été marqué par une mort violente dans sa jeunesse. Vous pouvez le retrouver dans les archives criminelles anglaises. Ou il est poète ou il aime écrire. En tout cas, il avait la plume facile, était intelligent. C'était un homme de salon, je ne crois pas qu'il s'était marié, parce que homosexuel, mais vivait avec une femme et deux enfants, qui pourraient être des frère et sœur... J'ai vraiment l'impression que c'est celui-là. *(Yaguel désigne à nouveau la photo de John Druitt.)*
Que s'est-il passé un mois de décembre ? Cet homme a failli se faire prendre deux fois... Il a été

soupçonné, il fait partie des soupçonnés... J'ai un choc en voyant son portrait.

Il avait une voix douce, charmeuse, modulée, une intonation assez basse, très veloutée ; une belle voix, très douce. Il opérait la nuit, évidemment. Je le vois sauter d'un fiacre à l'autre... Il avait une grande écharpe. Jamais on n'aurait pu penser qu'il était l'Eventreur, jamais, tant il était élégant, toujours les mains gantées. Je vois un chapeau sur la tête. Il se tient courbé et quelquefois très raide. Je le vois traverser des pelouses, de grandes rues... désertes, et il rentre après, sur Londres. Il faisait l'allée et venue entre le centre de Londres et les banlieues... *(Elle regarde le portrait de Druitt.)* C'est exactement le visage que j'ai vu, fin, élégant, avec un grand cou.

Il se dédoublait la nuit. Le paranoïaque parfait. Dans la journée, c'est quelqu'un de merveilleux. Bonnes manières, raffiné, parlant admirablement. Je le vois reçu dans le meilleur monde, dans le monde politique et artistique ; parlant de cette affaire-là ! Se dédoubler complètement était, pour lui, comme une drogue. Le premier assassinat, il a dû le faire vers vingt-trois ans. Il fut soupçonné très fortement, mais il était tellement habile. Je le vois avancer à grandes enjambées... L'occasion faisant le larron, il se servait des lames qu'il trouvait. Il était diabolique d'intelligence. Il brouillait les pistes. Il n'avait pas toujours le même couteau, la même arme. On les retrouvait nues, ses victimes ? ou assez déshabillées... Il ramenait des choses, des vêtements de ses victimes, chez lui. Je le vois en sentir l'odeur. Il mettait son nez dans les vêtements de ses victimes. Un fou total. Le lendemain, il se réveillait normal... Il partait à son travail, recevait beaucoup de monde, de par sa profession. Je le vois même monter à cheval...

Il avait une malle... Il a été surpris quand il est revenu avec des vêtements et ses vêtements à lui tachés de sang. Je vois un pantalon éclaboussé de sang. Une chemise. Et c'est là où il s'est fait prendre, par une personne de sa famille. Mais elle n'a jamais parlé. *(Ces derniers mots sont martelés.)* Mais, après, elle s'est enfermée complètement, le restant de ses jours, n'a plus bougé, et s'est laissée mourir. J'ai l'impression qu'il a tué pendant dix ans au moins, et à un rythme fou pendant une période brève.

Il a commencé jeune. C'est dix mois, dix ans *(la période des crimes ?)*, je ne peux pas dire. Mais il a commencé jeune et il en a tué plus qu'on ne l'a dit. Je le vois rentrer vers trois-cinq heures du matin... Il choisissait souvent les soirs de pluie et d'orage, je vois la pluie et l'orage. Cherchez, vous allez découvrir des tas de choses sur lui.

On dit : « Il avait la plume facile, le verbe aisé et la parole perfide. » Il était très perfide dans ses lettres. Il tendait des pièges, il disait sans dire... c'était très pervers. Je ne sais si on a photographié ses lettres, mais je vois une écriture très pointue, assez appliquée et haute, une écriture aiguë. Il laissait peu de marge des deux côtés.

Vous allez le retrouver. Une femme crie : « Vengeance, vengeance pour mon enfant. » Plus ça va, plus je vois des femmes, qui, de leur tombe, crient : « Vengeance, vengez nos enfants ! » Il n'y avait pas que des prostituées parmi ses victimes. Je pense qu'il y en avait d'autres, des jeunes filles. Quand je dis des jeunes filles, vingt ans, vingt-cinq ans... C'était avant la « célébrité » du crime. Il était machiavélique, à un point insensé, mais il avait envie en même temps que cela se sache. J'ai l'impression de quelqu'un qui courait au-devant de sa perte.

J'essaie de le capter et je vois quelqu'un. Bizarrement, ce quelqu'un s'est « réincarné », a dû expier. J'ai l'impression qu'il doit être maintenant dans une vie, je ne sais laquelle, mais il n'est pas là, il n'est plus en Europe. Il s'est « réincarné » dans une autre région du monde. J'ai l'impression de quelqu'un parti très loin. C'est pour cela que je ne peux pas le capter. Et, bizarrement, je me demande s'il n'est pas, dans cette vie-ci, un saint homme...

Commentaire

Sir Melville McNaghten, un détective qui devait finir par occuper les plus hautes charges dans la police britannique, étudia un jour l'affaire Jack l'Eventreur et laissa un rapport sur son étude et ses conclusions. Pour lui, l'assassin le plus plausible était Montague John Druitt. Si l'on se penche sur celui-ci, on s'aperçoit que ses ressemblances avec le portrait de l'assassin dressé par Yaguel Didier sont troublantes :

1. Druitt fut soupçonné par un magistrat qui, faute de preuves, ne put ouvertement soutenir ses affirmations.

2. La description physique de Druitt correspond point par point au portrait dressé par Yaguel Didier.

3. Druitt meurt à trente et un ans. Il s'est suicidé en se jetant dans la Tamise en décembre 1888 (« Il s'est suicidé... Décembre est très important pour lui »).

4. Le père de Druitt était chirurgien. D'où éventuellement les connaissances chirurgicales de Jack

l'Eventreur, qui incisait ses victimes d'une façon quasi rituelle.

5. Druitt reçut une éducation soignée, il taquinait la plume (« Il écrivait ou avait de la facilité à écrire ») et devint homme de loi (« Professionnellement... je vois le droit... la justice... »). Il écrivit de nombreuses lettres à la presse.

6. Druitt était entouré d'enfants, ses frères et sœurs, plus jeunes que lui.

7. Au moment des meurtres de Jack l'Eventreur, Druitt habitait dans les faubourgs de Londres, à Blackheath, mais gardait une garçonnière à Londres où il se rendait fréquemment.

8. Il enseignait alors dans une école privée, dont il fut renvoyé. On soupçonna que l'homosexualité avait été la cause de son renvoi.

9. Sir Melville McNaghten, dans son rapport, écrit : *De source privée, je tiens sans aucun doute possible que sa famille le (Druitt) soupçonnait d'être l'assassin de Whitechapel.*

10. Après le suicide de Druitt, sa mère devint folle, dut être enfermée dans un asile et y mourut deux ans plus tard.

11. Les noms des victimes, connues, de Jack l'Eventreur sont les suivants :

— Martha Turner, quarante ans environ, tuée le 6 août 1888.

— Mary Ann Nichols, quarante ans, tuée le 3 août 1888.

— Annie Chapman, proche de la cinquantaine, tuée le 5 septembre 1888.

— Elisabeth Stride, quarante-trois ans, tuée le 30 septembre 1888.

— Catherine Eddowes, trente-huit ans, tuée le 30 septembre 1888.

— Marie Jeannette Kelly, vingt-trois ans, tuée le 9 novembre 1888.

Leurs prénoms ou noms sont proches de ceux cités par Yaguel Didier (« Marie, Rose-Mary... » puis, plus loin, « Lily » pour Kelly) et les dates des meurtres se situent soit en début, soit en milieu de mois.

12. Par ailleurs, l'écriture de Jack l'Eventreur correspond bien à ce qu'en dit Yaguel Didier : elle est belle, fine, soignée, sans rapport avec le style volontairement grossier de l'expéditeur. Les lettres du meurtrier sont conservées dans les archives de la police, à Londres.

13. Enfin, ce que dit Yaguel Didier en conclusion est troublant : elle parle d'un homme « réincarné », qui vit ailleurs qu'en Europe et qui serait un « saint homme ». Il semble s'agir d'une interférence, typique en voyance : à Buenos Aires, quelques mois avant la Première Guerre mondiale, un médecin d'origine anglaise, dont nul ne connaissait le nom réel, et qui menait une vie exemplaire, prétendit, sur son lit de mort, avoir été Jack l'Eventreur. Il ne pouvait donc être John Druitt qui s'est suicidé en 1888. Les révélations de Yaguel Didier, par leur précision, interdisent de penser que ce médecin ait pu l'être.

L'affaire Anastasia

La grande-duchesse Anastasia, quatrième fille de Nicolas II et de la tsarine Alexandra, naquit en 1901. On admit qu'elle avait été massacrée avec la famille impériale à Iekaterinenbourg, en juillet 1918.

Le 17 février 1920, on repêchait dans un canal de Berlin une jeune femme qui avait tenté de se suicider. D'abord amnésique, ou le prétendant, elle laissa entendre peu à peu qu'elle était Anastasia et qu'elle aurait survécu au massacre. L'affaire Anastasia commençait.

L'inconnue n'a aucun papier d'identité. A l'hôpital, on la questionne. Obstinément, elle se tait. Est-elle amnésique ? On la transfère à l'asile d'aliénés de Dalldorf. Son attitude reste la même. Elle donne une impression d'anxiété, on la sent lasse de la vie ; elle refuse de manger, on la nourrit de force.

Au bout de quelques semaines, Mlle Peuthert, une malade en voie de guérison, assurant qu'elle a travaillé comme couturière à la cour de Russie, réussit à gagner sa confiance.

Passent quelques mois, et puis un jour l'inconnue, qui d'habitude ne s'intéresse à rien, feuillette machinalement un des magazines à la disposition des pensionnaires. Soudain, sa main retient la page et son regard s'intéresse à une photographie, se fixe sur elle. Intriguée, Mlle Peuthert se penche sur l'épaule de sa compagne, lit la légende : *Une des dernières photographies des grandes-duchesses pendant leur captivité*, et pousse un cri :

— Je sais qui tu es !

Effrayée, l'inconnue met un doigt sur sa bouche :

— Tais-toi ! Tais-toi !

Frappée par une ressemblance qu'elle juge extraordinaire, convaincue que l'inconnue est une des grandes-duchesses miraculeusement échappée au massacre de la famille impériale, Mlle Peuthert ne se taira pas.

Quelques semaines après avoir quitté l'asile de Dalldorf, elle rencontre, à l'église russe de Berlin, le capitaine von Schwabe, émigré russe, anciennement attaché au régiment de cuirassés de l'impératrice douairière. Elle lui parle de l'étrange ressemblance. Emu et troublé, il se rend à l'asile, avec quatre émigrés, dont Mme Zénaïde Tolstoï et sa fille.

L'inconnue se cache la tête, ne répond à aucune question, gémit, pleure et sanglote. Mme Tolstoï et sa fille croient reconnaître la grande-duchesse Tatiana. Les visiteurs se multiplient. Dans les milieux russes de Berlin, l'émotion grandit.

Le baron et la baronne von Kleist obtiennent la garde de l'inconnue. Leur appartement devient une petite cour. Enfin, en juin 1922, l'inconnue avoue au baron : « Je suis Anastasia. » A petites doses, elle commence à raconter le massacre de sa famille. Un des gardes l'a sauvée et elle s'est retrouvée dans la famille d'Alexandre Tschaïkovski avec qui elle avait fui la Russie.

Enceinte de son sauveur, elle l'épouse à Bucarest et lui donne un fils, Alexis.

Cette même année, son mari est tué dans une rixe au fond d'une ruelle. Mme Tschaïkovska décide de rentrer à Berlin avec son beau-frère Serge et de se présenter à sa tante et marraine, la princesse Irène de Prusse, sœur de sa mère. A Berlin, prenant pleinement conscience de sa déchéance, n'osant plus se présenter à sa tante chérie, désespérée, n'en pouvant plus, marchant à l'aventure le long d'un canal, elle se jette à l'eau.

L'histoire de Mme Tschaïkovska, le calvaire d'une « grande-duchesse », gagne toute l'Allemagne, passe les frontières, passionne l'Europe et atteint l'Amérique. Pour les uns, elle est bien Anastasia ; pour d'autres, ce n'est qu'une usurpatrice.

Pour Pierre Gilliard, l'ancien professeur des grandes-duchesses, précepteur du tsarévitch, et pour sa femme, ancienne gouvernante des grandes-duchesses, l'inconnue n'a aucune ressemblance avec Anastasia, « à part la couleur des yeux ». Alexis Volkov, ancien valet de chambre de l'impératrice qui a accompagné la famille impériale à Iekaterinenbourg et miraculeusement échappé au massacre, fait une déclaration catégorique après une longue confrontation avec Mme Tschaïkovska : « Il ne peut pas s'agir de la grande-duchesse Anastasia. »

Pour le prince Youssoupov, l'inconnue est une comédienne.

En revanche, pour le duc et la duchesse de Leuchtenberg, apparentés aux Romanov, qui la reçoivent en leur château de Seeon, en Allemagne, l'inconnue est Anastasia. Egalement pour le grand-duc André, cousin germain de Nicolas II.

Mme Tschaïkovska écoute, lit, se cache, sourit, pleure, se tait le plus souvent, lance quelques mots, hésite, affirme, reconnaît ou ne reconnaît pas les témoins et les visiteurs, est terrassée par la fatigue, retrouve la santé, fait la simple ou l'arrogante, se veut au-dessus de tout le monde ; enfin elle est fantasque, tyrannique, égoïste, coléreuse et franchement insupportable.

L'arrivée de Gleb Botkine, fils du docteur et frère de Mme Melnick-Botkine, va réconforter les partisans d'Anastasia. Cet écrivain-journaliste qui vit en Amérique « croit ». Il veut surtout convaincre la princesse Xénia, une Romanov devenue américaine par son mariage avec le milliardaire William Leeds.

Impressionnée par les affirmations du grand-duc André et l'impétuosité de Gleb Botkine, la princesse Xénia (Mme Leeds) invite « sa cousine » aux Etats-Unis. Elle y débarque le 7 février 1928 devant cent reporters ameutés et pris en main par Gleb Botkine, subtil et remuant agent de presse. Le portrait de l'inconnue s'étale à la une des journaux. Pour l'état civil des Etats-Unis, Mme Tschaïkovska va bientôt devenir Anna Anderson, un nom plus facile à prononcer, et revendiquera, sur les conseils de Botkine, l'héritage du tsar.

Mais, pendant qu'en Amérique on fête Mme Anderson, en Europe de rudes coups sont portés à la légitimité de « la grande-duchesse Anastasia ».

La maison de Hesse — la tsarine, née Alix de Hesse, est la fille du grand-duc Louis IV et d'Alice de Grande-Bretagne, fille de la reine Victoria — a demandé à un détective privé, Martin Knopf, de rechercher les origines de Mme Tschaïkovska.

Martin Knopf a l'idée de compulser le dossier concernant les femmes disparues à Berlin en 1920. L'instinct et la chance lui font trouver la fiche d'une ouvrière polonaise, Franziska Schanzkowska, dont l'écriture ressemble à celle de Mme Tschaïkovska et qui a disparu le 15 février de la même année. Le 20, on a repêché « l'inconnue » du canal de la Landwehr. Les recherches du détective vont aboutir à des résultats troublants. Il retrouve des amis de la Polonaise qui confirment sa disparition, des vêtements lui ayant appartenu, et surtout il retrouve à Hygendorf, petit village de la Poméranie orientale, la famille Schanzkowski. Elle se compose de la mère, veuve, atteinte de tuberculose osseuse comme Franziska et l'inconnue, d'un fils et de deux filles. Martin Knopf montre les photographies de Mme Anderson : « C'est Franziska ! » s'écrient mère et sœurs, qui confirment que Franziska a disparu depuis le mois de février 1920.

Le 17 octobre 1928, le lendemain de la mort de l'impératrice douairière de Russie, Maria Féodorovna, un communiqué est remis à la presse, ruinant les prétentions de la prétendante et réglant les questions d'héritage et de succession. L'impératrice douairière, dix-sept grands-ducs et princes de la maison de Russie ont signé une déposition déclarant catégoriquement que la nommée Anderson n'est pas la grande-duchesse Anastasia Nicolaïevna.

En 1931, Mme Anderson regagne l'Allemagne et passe plusieurs mois à l'asile d'aliénés d'Ilten, près de Hanovre. Elle le quitte pour vivre dans une cabane de la Forêt-Noire, qu'elle entoure de fils de fer barbelés, en compagnie d'une vingtaine de chats et gardée par quatre molosses.

Les plus farouches adversaires de Mme Anderson reconnaîtront sa sincérité. « Son imposture est involontaire. Elle est irresponsable du transfert dont elle est la victime », affirmeront-ils en substance.

Une photo de Mme Anderson, qui assura toute sa vie être Anastasia, est soumise, sous enveloppe scellée, à Yaguel Didier.

Yaguel Didier: Je vous le dis, tout à trac: deux morts marquent profondément une femme. Cette femme a eu des problèmes à cause d'un entêtement, mille problèmes.

Soit elle a aimé écrire, soit on a beaucoup écrit sur elle. Je vois énormément, énormément d'écrits.

Je vois une femme qui tousse souvent. Je me demande si elle n'a pas à un moment souffert des bronches, des voies respiratoires, souffert d'étouffement.

C'est une femme d'un entêtement enragé, mais curieusement, d'un côté, elle en a trop dit, en a fait trop, et, d'un autre, pas assez. Ou alors on en a trop dit sur elle, mais pas toujours dans le bon sens, pas l'exacte vérité.

Je pense qu'elle a perdu un homme qui l'a beaucoup marquée et dont elle a eu un fils. Son nom était Paul,

Patrick ou Philippe ; il y a un P dans son nom. Cette femme est étrangère, je ne la vois pas française. Elle a deux origines distinctes, deux nationalités. Son père et sa mère n'étaient pas de la même nationalité, peut-être de la même race, mais pas de la même nationalité.

Cette femme a fini dans une solitude totale. Elle s'est enfermée elle-même dans une grande solitude. J'entends un grand silence autour d'elle.

Entre ses huit et treize ans, une chose très importante lui est arrivée. Entre ses huit et treize ans, je la vois entourée d'eau. J'interprète cela comme un voyage en bateau, par exemple... Mais cela peut être pris sur le plan symbolique. En tout cas, cette période entre ses huit et treize ans correspond pour elle à quelque chose de très dur. Je dirais qu'elle était séparée de sa famille.

Est-ce qu'elle adorait les arts ?

Il y a un passage très important pour elle entre vingt-trois et vingt-quatre ans. Un autre, entre vingt-neuf et trente-deux ans. Elle a deux filles, une ou deux filles, je ne sais pas...

Elle n'était pas un peu folle ? Je la vois folle... Elle me gêne, brouille mes vibrations. Elle me gêne beaucoup, je sens une folie en elle, je sens une fille très seule, avec une revanche à prendre sur quelqu'un. C'est quelqu'un de terriblement orgueilleux.

Je vois de l'eau, de l'eau, de l'eau. Je ne sais pas ce que cela veut dire. Ou alors elle a, à un moment donné dans sa vie, risqué la noyade. C'est possible.

Je sens une femme, je dirais, prête à tout, qui a été poussée par deux hommes, très poussée, ou défendue par deux hommes. Elle a des origines modestes, très modestes, et c'est pour cela qu'elle avait une revanche à prendre sur la vie et sur quelqu'un. Elle était poussée. C'est drôle, je dirais presque... Etait-elle une mystificatrice ?

Je la vois vivant dans une sorte de cabane, à un moment donné, dans les bois, ou à l'orée d'un bois, dans une région où il pleut, où il fait froid. Je la vois vivant dans la pauvreté. Je vois une fausse gloire autour d'elle. C'est une pauvre femme, un peu comme Don Quichotte, qui se bat contre les moulins à vent. Son destin s'est joué entre huit et treize ans...

Je vois des hommes en uniforme. Je vois deux hommes de l'armée. Serait-elle russe, slave ? J'entends le mot « complot », j'entends : « Il faut remplacer », et c'est une question d'argent. C'est une question d'argent, comme s'il y avait un héritage. Oui, c'est un complot. Cette femme... c'est quelqu'un qui a été mystifié, mais qui s'est mystifiée elle-même, qui à la fin y a cru, a cru à sa mystification... Elle est une espèce d'illuminée, de folle, mais très inspirée, je dirais presque médium. Mais elle a été poussée par certains pour une question d'argent, d'héritage. Elle a été choisie parce qu'elle était la plus proche physiquement de quelqu'un, et la plus proche dans l'entourage de ce quelqu'un.

Comme si elle n'était qu'un instrument, qu'un jouet entre les mains de personnes, de militaires, de gens politiquement haut placés.

Je vois un lien, mais très relatif, avec l'Autriche... ou un pays voisin. On dirait qu'il y a encore des gens qui connaissent la vérité, mais aussi que cela a arrangé certaines personnes de faire croire à la mystification. Cette femme en était à moitié responsable... comme si elle avait été hypnotisée, comme si on l'avait obligée à jouer un rôle. Elle s'est identifiée à ce rôle. On s'est servi d'une certaine ressemblance physique.

Je la vois d'un milieu très simple, comme une espèce de gouvernante, de servante, proche de la famille. Il y a un complot. Comme s'il fallait qu'elle remplace une petite jeune fille morte. C'est là où je sens la mystification, plus qu'ailleurs.

Un homme l'a beaucoup aidée. Cet homme avait un fils. Ce n'est peut-être pas elle qui avait ce fils. C'est cet homme. Comme elle est marquée par l'armée, par la Russie ! N'était-elle pas amnésique ?

J'ai l'impression qu'elle est complètement manipulée, comme quelqu'un qu'on a hypnotisé, à qui on a répété : « Tu es telle personne, tu es telle personne, tu es telle personne. »

J'entends le mot « tsar », et j'entends « elle, servante ». Autour d'elle, j'entends le nom Grigor, ou Gregor, ou Gregory, un nom comme ça. Et un autre nom, un peu comme Vachneff ou Ichneff, Vania. Cette femme est morte parce qu'elle avait des problèmes de bronches et de voies respiratoires.

Elle a connu cette jeune fille qu'elle a personnifiée, elle était proche d'elle. C'est comme si cette jeune fille avait été noyée dans les eaux. Là où elle habitait, je vois des lacs glacés, de la neige ou de la glace... comme si quelqu'un s'enfuyait dans la neige, ou se perdait dans la neige, dans la glace. Je vois une fuite. Il fait froid. On dirait qu'il y a eu deux, trois ans ou deux, trois mois de troubles, d'incertitude complète...

Je suis sûre qu'elle a cru à son histoire, parce qu'elle était manipulée. Cette femme fait penser à une hystérique. Elle a dû être, à un moment donné, très marquée par un côté mystique. Qui était Léopold autour d'elle ? Elle s'est battue, battue, battue, elle était entêtée, mais entêtée !... Je n'arrive pas à voir cette fameuse période entre ses huit et treize ans. Quelque chose me gêne, parce que je vois une substitution. Entre huit et treize ans, je vois un grand trou noir et c'est dans ce grand trou noir qu'elle se débat et que les choses se trament. Je vais vous dire symboliquement : je vois de grands tunnels souterrains, et je vois des gens qui s'agitent dans ce souterrain, qui préparent quelque chose qui va être mis au jour. Mais elle est travaillée, cette femme, elle n'est plus elle-même. Je dirais presque que c'est une possédée.

Y a-t-il eu une famille assassinée ? Y a-t-il eu des coups de feu ? J'entends des coups de feu et je vois quelqu'un s'enfuir en courant dans la nature, il fait froid, il y a de la glace, il y a de l'eau. Je vois une femme s'enfuir en courant, terrorisée, perdre connaissance, se noyer et qu'on sort de l'eau, mourante, ou noyée. C'est là où tout se joue. Oui, c'est là où tout se joue. Je ne sais pas si c'est cette femme, ou si c'est l'autre personne, la petite jeune fille...

Cette femme, je sens une femme de chambre, elle est d'extraction modeste, et elle était l'amie d'une petite jeune fille. Est-ce qu'elles ne fuient pas toutes les deux ? Cette femme... est rusée, oh ! comme elle est rusée !

Une femme s'enfuit après les coups de feu, terrorisée, qui a vu sa famille mourir, qui a assisté, qui a fui, qui est morte. C'est l'histoire d'Anastasia ?

A ce moment, Yaguel Didier demande une photo de la vraie Anastasia qui lui est donnée. Elle tient les deux photos dans sa main, celle de la grande-duchesse Anastasia et celle de Mme Anderson. Puis, désignant la photo de la vraie Anastasia, elle s'écrie :

C'est la vraie ! *(Puis celle de Mme Anderson :)* Elle, c'est la mystificatrice ! Mais elle y a cru, elle s'est enfuie.

Je me demande si elles n'ont pas fui ensemble. On dirait qu'elles ont été élevées ensemble. C'étaient deux amies, de loin. Il y a des coups de feu, une famille meurt. Elle *(Yaguel désigne la photo d'Anastasia)* attend que les assassins s'en aillent. On s'enfuit par des couloirs, cela se passe dans un sous-sol, je vois de petites fenêtres, c'est très sombre, très dépouillé. Je vois des gens tomber devant un mur. Et puis, elle *(Anastasia)* s'enfuit. Celle-là *(Yaguel désigne la photo de Mme Anderson)* ne l'aurait-elle pas aidée à fuir ? Ce n'est pas impossible. Elle avait des yeux très, très bleus. Je vois une fin tragique.

Tout s'est joué entre ses huit et treize ans. Entre l'âge de huit et treize ans, elle *(Mme Anderson)* est arrivée dans la famille impériale. Elle est une mystificatrice. Elle y a vraiment cru, mais elle a été manipulée. Ou alors c'est après, plus tard. Des gens l'ont aidée à jouer le jeu. Elle a été manipulée par deux personnes.

Son père est mort le premier. Elle était très mystique. Je vois une grande croix sur elle *(Anastasia)*. Sur elle, je vois des croix, des croix, je vois des cimetières. Je ne vois que des croix. Je verrais quelqu'un qui se noie. Je me demande si elle ne s'est pas noyée en fuyant. Je vois de l'eau, de l'eau, de l'eau, et vraiment une noyade... durant une fuite. Comme si elle s'était cachée pendant un certain temps seule. Elle a seize ans et demi, dix-sept ans. *(Anastasia avait dix-sept ans le jour de l'assassinat de la famille impériale russe.)* J'entends : « Elle a vu son père à l'agonie. » Je la vois terrifiée, se cacher. J'ai l'impression qu'elle se serait évanouie. Quand il y a eu ce massacre, elle serait tombée évanouie, elle a pu être blessée et, quand elle s'est réveillée, elle s'est retrouvée parmi les cadavres.

Je vais vous dire, celle-ci *(Mme Anderson)* a connu celle-là *(Anastasia)*. Comme si elle était sa petite camarade, sa servante. Elles jouent ensemble. Y a-t-il un baron ? J'entends : « Le baron l'a beaucoup aidée. » J'entends « baron » avec un nom, peut-être un double nom, autrichien ou allemand. *(Le baron von Kleist ?)*

Je vois l'assassinat de serviteurs, comme si un parent à elle *(Mme Anderson)* avait été aussi pris dedans et était mort. Comme si elles *(Anastasia et Mme Anderson)* avaient fui toutes les deux et que ses parents à elle *(Mme Anderson)* avaient aussi été assassinés... dans la foulée. Elles *(Anastasia et Mme Anderson)* restent toutes les deux. L'une meurt *(Anastasia)* et l'autre *(Mme Anderson)* prend la relève. Elles auraient fui ensemble. L'une *(Anastasia)* était blessée, elle était choquée, elle meurt. L'autre *(Mme Anderson)* se retrouve toute seule et je crois que de là l'idée lui est venue...

Elles étaient ensemble, je les vois pratiquement élevées ensemble. Surtout entre l'âge de huit et treize ans. Je la vois, elle *(Mme Anderson)*, essayer les robes d'Anastasia. Je les vois jouer ensemble, je la vois imitant son amie, s'habillant comme elle, lui prenant ses robes, mais pour s'amuser, comme des petites filles peuvent le faire... d'où, plus tard, l'identification... c'était facile.

Dans leur fuite, elles sont seules. Et je vois de l'eau. Je la vois noyée *(Anastasia ?)*. On n'a jamais retrouvé son corps ?

Vous voulez que je vous dise : ils ont été noyés *(la famille impériale)*. J'ai l'impression qu'on a noyé les cadavres. Je les vois traînés dans la nuit, je sens une eau glacée. Et je vois du sang sur trois hommes. Etaient-ce trois assassins qui ont fait le coup ? Je les vois en uniforme militaire.

Je les vois fuir toutes les deux *(Anastasia et Mme Anderson)*, terrorisées. Et je la vois, la véritable

Anastasia, traînant sa jambe. Je vois une fuite dans la forêt. Je les vois cachées. Je me demande si elles n'ont pas vécu cachées dans un bosquet d'arbres.

Et, en tout cas, elle *(Anastasia)* a été la dernière touchée, et lorsqu'elle s'est réveillée, elle a vu ses parents morts. Ce n'est que plus tard qu'ils ont été transportés ailleurs. Mais, au départ, je vois une pièce au sous-sol, des coups de feu, il y avait un fils, quatre filles, cinq en tout. *(Alexis, Olga, Tatiana, Maria, Anastasia.)* Les parents sont morts les premiers... C'est curieux, je vois deux amies au départ...

Quel est son rapport avec l'Allemagne ?... Mme Anderson n'a-t-elle pas vécu en Allemagne ? J'ai l'impression que, petit à petit, une espèce de folie s'empare d'elle. Elle a réussi à s'en tirer. Elle se cache et ce n'est que plus tard qu'elle a dit avoir été Anastasia. C'est comme si l'idée avait germé en elle. J'ai l'impression que, lorsqu'elle jouait avec l'autre, elle se prenait déjà pour Anastasia. La personnification s'est faite presque naturellement dans sa tête. Et, plus tard, elle a été poussée par des gens à jouer le jeu. Mais, au départ, elle seule s'est prise pour Anastasia.

J'ai de la difficulté à voir... Il y a un tel complot là-dessous. Quelle force de la nature, celle-là *(Mme Anderson)* ! Elle est proprement diabolique. C'est... c'est comme si on me muselait... On me muselle. Chaque fois que je vois l'épisode en question... elle est présente, diaboliquement présente.

Qui était Vania, Ania ? *(Peut-être s'agit-il de la comtesse Ania Virocsbova, amie et dame d'honneur de l'impératrice ?)* Je vois là, sur cette famille impériale, la malédiction. La famille a-t-elle été trahie par des gens proches d'eux ? Je vois une trahison, je vois une malédiction. Je les vois ensevelis. On transporte des cadavres, on les transporte à travers des couloirs... Comme si on les jetait dans un trou, avec un produit par-dessus, et on rebouche le trou... Elle a été manipulée pour une question d'argent, elle n'y pensait pas, quand elle s'est jetée à l'eau.

Je la (Mme Anderson) vois en train de repasser du linge, des piles de linge. A mon avis, elle a commencé à y croire, à jouer le jeu quand on lui a dit qu'elle ressemblait à Anastasia.

Mais, pour moi, c'était vraiment une malade.

Elle était dérangée. Quelque chose, sur un plan subtil, bloque cette voyance. Par moments, je ne suis pas loin... J'ai l'impression que l'on va découvrir des choses, que l'on va savoir, que tout n'a pas été dévoilé. Des choses se savent, que l'on va découvrir au Kremlin. Un jour, le mystère sera mis en lumière, et l'histoire rendue publique.

Je ne sais pas pourquoi, je suis poussée à écrire et j'entends « preuve », « preuve par l'écriture », je vois une écriture grande et ronde.

Que veut dire Liona et Ivitch ? Pravda ? Est-elle en train de nous envoyer un message ? Pravda, Illa, Illina, Ia et Vanouya ou Vallouna ou Vanou... C'est elle (Anastasia) que je capte... Et qu'est-ce que Corselo, Corseillo ? Le ciel ?

Brusquement, Yaguel Didier se met à s'exprimer à la première personne.

La voix : Je suis morte d'épuisement et de froid... à la longue, d'épuisement et de froid. Ma gorge était brûlante et je me suis étouffée. J'ai vu mon sang couler... Oh ! je n'ai pas pu aller bien loin... Tout le cauchemar a commencé pour nous un mois de décembre et déjà à partir du 15-22 novembre *(1917)* nous savions que nous devions partir et la famille vivait dans l'angoisse. Mon père surtout n'était plus le même homme. Depuis longtemps, il avait capitulé. Ma mère y a cru jusqu'au bout. Elle continuait à s'occuper de nous comme auparavant, mais c'est vers mon frère qu'allaient ses plus grands soins. Elle se croyait protégée et, à la fin, refusait toute nourriture...

Les cinq derniers mois ont été terribles *(à Iekaterinenbourg)*. Nous vivions en vase clos et Dieu que c'était humide ! Désertique, désertique, désertique. On nous donnait à manger une espèce de soupe de graines. Nous étions nourris d'une façon très frugale. Nous étions gardés par trois personnes. Trois personnes étaient là, à notre service, et une quatrième, plus lointaine, mais non moins efficace. Les bruits des pas dans les couloirs nous terrorisaient, un bruit, un va-et-vient incessants ; ma mère pâlissait de jour en jour, avec néanmoins deux taches rouges aux joues, des taches fiévreuses. Elle ne cessait de nous presser contre elle. Elle avait entre ses doigts une croix faite de pierreries détachées. La fameuse croix qu'elle portait souvent. Elle avait ses images pieuses sur elle, ses objets pieux, ses médailles pieuses. Elle mettait tout cela dans de grandes poches à l'intérieur de plusieurs jupons. Elle remontait sa natte qu'elle nouait et qui, très souvent, tombait.

Nous dormions sur du dur. On nous avait parlé de ce fameux voyage auparavant, mais on nous avait trompés sur la destination. Jusqu'au dernier moment, nous y avons cru, mais la rareté de nos bagages qu'on nous avait permis d'emmener nous a vite fait comprendre...

On dit que j'avais une jolie voix. J'aimais la musique, mais ma sœur, la deuxième, était plus douée que moi. Moi, j'étais paresseuse, mais j'avais une bonne oreille. Mon père souffrait de sinusite et avait beaucoup de mal à respirer, il avait le nez bouché. Depuis bien longtemps déjà, dans son cœur, il avait abdiqué. Il vivait dans le souvenir de son ancêtre, bien plus cruel, bien plus dur *(Paul Ier ?)*, dont le portrait trônait dans la grande salle à manger. Ma mère vivait entourée de chandeliers. De ses longues mains fébriles, bien jolies mains en vérité, elle aimait froisser un mouchoir, quantité de mouchoirs, qu'elle parfumait d'essences de fleurs dont elle avait le secret. Elle en faisait venir de Paris, dans des boîtes bleues, entourées d'un ruban bleu ou jaune, fabriquées spécialement pour nous, dont on peut encore retrouver la trace. Nous avions deux fournisseurs, un à la Cour et un autre en France. Je m'asseyais souvent près de ma mère, dont j'aimais caresser les manches de soie. Elle était frileuse, nerveuse, avec une peau très fine... Dieu sait si elle a eu des problèmes de dents et de la mâchoire supérieure. *(La tsarine fut longtemps soignée par Kostritzky, dentiste de la famille impériale.)* Je me souviens d'une incision qu'on lui fit à vif et qui la laissa trois jours anéantie. Mon père avait horreur de la maladie. C'était l'offenser que de lui en parler. Il avait la terreur du naufrage. Des rages incontrôlées le laissaient dans un état d'hébétude. Il parlait trois langues couramment. Mes parents ont d'ailleurs hésité à un moment à m'envoyer à l'étranger faire mes études... Je l'ai consigné dans un cahier que j'ai longtemps conservé dans un tiroir, dans un petit meuble à incrustation de nacre, au-dessous de ma fenêtre, près d'un petit fauteuil arrondi, tapissé de velours. Le jaune était une couleur favorite au palais. Sans oublier le satin. Beaucoup d'or, beaucoup d'or, beaucoup d'or. J'avais des pieds particulièrement fins et mes chaussures étaient trop souvent serrées. Mes bottines m'ont fatiguée. J'adorais tremper mes pieds dans des bassines d'eau pour me soulager. Et je restais là à contempler mes deux pouces. J'aimais particulièrement la nature et les oiseaux. Je faisais souvent des caprices et des bouderies. J'aimais que l'on cède devant moi.

Yaguel Didier reprend la parole : Qui est Natacha ? J'entends « Natacha » près de moi. Et j'entends Vector, ou Victor, un nom en « or ». « J'en ai fait tourner plus d'un en bourrique. » Elle parle de professeurs ou de précepteurs.

La voix poursuit : J'avais des doigts fins, surtout le petit doigt. Je portais des cols montants, je raffolais des dentelles, mais j'étais capable aussi de mettre une robe au tissu épais et de gambader. Et a-t-on dit que j'ai toujours eu un œil un peu plus ouvert que l'autre ? A-t-on dit qu'au début j'avais un léger bégaiement, un certain mal à m'exprimer ? Je ne pense pas que ma mère m'a vraiment voulue. Elle était déjà dans un état de dépendance très profond et je ne suis pas sûre que l'annonce de sa grossesse l'ait au départ réjouie.

Yaguel Didier : Etait-elle née sous le signe du Lion ? Elle parle du signe du Lion. Ou du Verseau.

La voix : J'avais aussi une oreille très ourlée, des oreilles très ourlées. Et le même sourire que mon père, lequel restait souvent prostré sur des dossiers. Je ne suis pas sûre qu'il ait vraiment accepté ou qu'il était réjoui du rôle qu'il devait assumer. Il a eu le tort de faire confiance à quelqu'un qui, par la suite, s'est empressé de le trahir. C'était un homme à monocle, avec une grande barbe ou une moustache, qui était comme son médecin. Je ne saurais vous dire si ce n'était pas, au départ, un médecin de l'âme... Mon père, en vérité, était un faible. Mais je n'étais guère au courant, car mes parents parlaient peu devant moi.

J'avais trois poupées préférées, dont une à tête de porcelaine, aux grands yeux bleus, dont la petite main de porcelaine s'était cassée, et je me souviens que l'on a recollé un bout du doigt. J'adorais le bleu et je me souviens de gros nœuds dans les cheveux que ma mère me mettait, ou plutôt ma nounou. Je parlais trois langues, dont une facilement, et entre nous, nous nous amusions à changer les mots, ce qui nous permettait des blagues.

J'ai eu si froid ce dernier hiver ! Les derniers temps, j'ai terriblement souffert des intestins et ma poitrine s'était complètement aplatie, avait complètement disparu. Je soutenais ma sœur qui s'accrochait à mes jupes. J'étais la plus jeune, mais la plus mûre, en tout cas avec elle, que je considérais comme un bébé car, longtemps, elle eut des cauchemars la nuit. Je me souviens que ma mère venait nous border chaque soir et j'adorais, avant de m'endormir, me cacher complètement, le drap sur la figure. J'ai beaucoup marché avec mon père qui aimait les longues promenades. Il a énormément souffert, les derniers temps, de douleurs articulaires. Pourquoi vous dire plus que ce que l'Histoire a raconté ? Je peux vous confier que je vis ma mort arriver...

Je l'appelais Babouchka (*Mme Anderson*), je l'appelais Babouchka, elle était un peu plus jeune que moi. Elle m'intéressait par le nombre d'histoires qu'elle me racontait, coupées de longs silences, avec une imagination débordante...

Yaguel Didier: Je me sens très fatiguée...

La voix: En vérité, elle était très en avance sur son âge. Les trois premières fois que nous nous sommes rencontrées, je ne peux pas dire que ce fut spontané. D'ailleurs, demandez à celle dont le nom est connu et qui nous surveillait, et qui était l'intendante de ma mère. *(Lilli de Dehn ?)* Il m'arrivait de temps en temps de tricher. Je lui faisais deviner... Vous connaissez ce jeu qui consiste à savoir dans quelle main se trouve une chose ? Combien de fois n'ai-je pas triché, mes mains derrière le dos. Mais elle avait un œil perçant et elle se mettait dans des colères violentes. Ses pieds étaient plus grands que les miens, des pieds très maigres, et, malgré son jeune âge, les pouces déformés. D'ailleurs, c'est un détail que l'on peut retrouver. *(Mme Anderson avait les pieds déformés.)*

Son père n'était plus là depuis longtemps. Sa mère ployait sous le poids des travaux.

Il n'y a qu'à regarder ses dents pour voir que ce n'était pas du tout la même plantation que moi. Les siennes étaient plus écartées, les canines étaient pointues. Et n'oubliez pas ma fossette au menton ! Que de fois nous sommes-nous tiré les nattes ! Je me souviens de longs fous rires, lorsque nous jouions à la poupée, et je vais vous dire une chose que l'on peut vérifier : nous jouions avec un petit train de bois. Il était d'une précision extraordinaire, moitié bois, moitié métal, peint à la main, dont un wagon rouge faisait ma joie. Je pense qu'il avait été commandé pour mon frère. Que d'heures passées auprès de ce train ! Chaque année, ou chaque Noël, voyait s'ajouter des wagons dont certains étaient faits spécialement pour nous, commandés par la famille. Vous pouvez retrouver la photo de ce train quelque part.

Yaguel Didier : Elle parle d'un parent prussien. Elle parle d'un cousin prussien ou de la famille de Prusse qui avait fait un jour un cadeau, avait offert un wagon ou quelque chose de ce genre. Ce petit train est tellement important pour elle !

La voix : Pourquoi n'a-t-on pas dit que sa voix était plus rauque que la mienne ? Surtout lorsqu'elle parlait allemand. Recherchez bien les *e*, les *i*, toutes les voyelles et celles accolées aux *l*, comme *la, lui, les, le, lu*, et *m*. C'est la résonance de ces deux consonnes et voyelles, ou syllabes.

N'oubliez pas les pieds, les pouces, surtout les pouces, les pieds plus longs et plus maigres, le pouce plus long.

La dernière fois que nous nous sommes vues, j'avais une ample jupe grise, un nœud dans les cheveux et, si je me souviens bien, des mèches qui tombaient sur mon visage. Je dirais, mal coiffée. Adieu, jolies anglaises et jolies boucles que l'on me faisait. Cela me paraissait si lointain, le temps où l'on me faisait mes boucles et mes anglaises et mes jolis petits cols que j'affectionnais. Ma mère était très maniaque sur nos tenues, nos vêtements, très rigoriste. Et Dieu qu'elle aimait le gris et le blanc !... Probablement par rapport à son caractère, qui était au fond rigide et triste. Ma mère était quelqu'un de profondément triste.

Je me souviens des larmes qui n'arrivaient pas à couler, lorsque j'ai vu mes parents tomber les premiers. Je me souviens du soldat, il était blond, grand, il me paraissait immense, il avait de grandes guêtres et des bottes. Près de nous se tenait l'ami de la famille avec des lunettes rondes, peut-être était-ce un monocle ? Et un nœud, là. *(Le docteur Botkine ?)* Je crois bien qu'auparavant, nous avions bu, on nous avait forcés à boire quelque chose qui devait engourdir nos esprits. Je parle, bien sûr, des enfants et non de mes parents qui ont vu le désespoir jusqu'au bout. Car eux devaient savoir pourquoi ils nous tuaient. Mon père pour sa faiblesse, ma mère pour son fanatisme. Ce jour-là, j'avais une robe, comme je le disais, rayée gris et blanc, finement rayée. Je pouvais ainsi, de loin, avoir l'air d'une paysanne.

Mon petit frère Alexis... Vous voyez... je me sentais toujours l'aînée. N'a-t-on pas dit que j'étais née avant terme ? Je me souviens qu'à quatre ou cinq ans on s'extasiait, on admirait mes jolis dessins et un certain goût de l'ordre et de la rigueur, ce qui ne m'empêchait pas de me conduire comme une petite fille hypersensible et déjà d'une grande coquetterie. Vous ai-je parlé de mes bottines ? J'en avais une paire de noires et une paire de blanches, entre autres. Je me souviens y avoir caché mes petites poupées. Nous avions deux nounous, dont une bien grosse, bien ronde, confite en dévotion, qui ne cessait de faire sur nos fronts des signes de croix. Une sainte femme d'Ukraine, ukrainienne, pourquoi entrerais-je dans ces détails ? Mais je sais que vous avez besoin de preuves, que vous retrouverez. N'oubliez pas qu'un auteur russe, ou d'origine russe, qui a fui le pays depuis, a beaucoup écrit sur nous. C'est le seul qui approche la vérité. *(Alexandre Kerenski ?)*

Mais aucun n'a pu décrire le scénario exact de notre fin.

C'était une fin d'après-midi, mais pas encore la nuit, non, il faisait encore jour, et l'on nous a pris par la main pour descendre. Ma mère, les yeux bouffis de larmes, rougis, et ses éternels mouchoirs. Mon père, glacé, fermé, les lèvres si serrées qu'on pouvait penser que plus jamais il ne les ouvrirait. Vous a-t-on dit qu'il avait tendance à pencher la tête pour écouter ? Etait-ce dû à un début de surdité ? Je le crois. J'aimais mon père, tellement froid, tellement distant, tellement seul, tellement petit homme devant ma mère...

Mais vous voulez que je vous parle de celle-là *(Mme Anderson)*. Cherchez bien, cherchez bien. Soit il y a trois ans, soit dans trois ans, nous retrouverons des preuves, retournez en Allemagne, cherchez bien une petite maison au bord de l'eau... Elle m'était apparue fort sournoise et dévorée d'ambition. Mais j'admirais ses mains longues et fines, habiles à retrousser mes jupons et à confectionner des vêtements, comme pour nous transformer en fées... un déguisement. Je me souviens l'avoir vue tenir tête à sa mère, tirer la langue par-derrière, ce que j'adorais copier. Puis je ne l'ai plus vue. L'ai-je connue trois, cinq ans avant le moment de ma mort ou bien lorsque j'avais trois, cinq ans ? Je ne saurais vous dire. Mais, pendant longtemps, nous nous sommes perdues de vue. N'oubliez pas que son vrai nom se rattachait au nom d'une plante ou d'une fleur. Nous nous déguisions et nous rougissions nos lèvres avec des fruits. Je pensais l'avoir définitivement perdue, mais je dois avant tout revenir, pour éclaircir ce moment où ma famille et moi avons disparu.

N'oubliez jamais la trahison de cet ami, n'oubliez jamais que des papiers avaient été signés par mon père, qu'il a ensuite regrettés, mais qui le livraient pieds et poings liés à l'ennemi. D'ailleurs, je pense que ces papiers ont été retrouvés, quelque part, dans des tiroirs secrets. Je me souviens de pas dans les couloirs, la nuit, le chuchotement de mon père et d'étrangers. On l'avait obligé à renoncer. Ma mère, fanatisée, pour rien au monde ne l'aurait accepté. Je pense qu'il lui avait caché le dernier acte de sa vie. Je l'ai compris à demi-mot. Bien sûr, nous n'étions pas tenus au courant.

N'oubliez pas non plus qu'une femme a joué un rôle très important, n'oubliez pas cette tante tout de noir vêtue, on l'a représentée avec une couronne sur la tête... *(La grande-duchesse Maria Pavlovna ?)* Grands cheveux noirs, grand front, tout de noir vêtue. Elle portait, et elle a toujours été peinte avec, une grande bague, une énorme émeraude. Elle portait sur sa poitrine un bijou, comme une étoile. Elle avait un nez busqué... Elle a trahi, elle a trahi, elle a trahi, elle a trahi...

Pendant toute cette partie, Yaguel Didier, très émue, peine, puis pleure, sa voix devient inaudible... Un long temps de silence.

La voix : Les Anglais y sont pour quelque chose... Les Anglais y sont pour quelque chose. Les Anglais nous ont trahis... Les Anglais nous ont trahis...

Je me souviens, je me souviens que celui qui a tiré le premier avait bu, car on l'avait obligé à tirer... Ils nous ont tiré dessus. Ils étaient bien trop lâches pour l'accomplir eux-mêmes. *(Long pleur de Yaguel Didier.)* Je me souviens de mon petit frère ouvrant de grands yeux innocents...

Ce pays qui a connu la splendeur *(la Russie)* un jour éclatera et l'on retrouvera la vérité, car tout a été consigné par écrit... Je peux vous dire, de là où je suis, que les papiers sont enfermés dans des boîtes, lesquelles boîtes sont gravées comme des icônes...

Celui qui nous a tués avait bu maintes et maintes fois avant de pouvoir le faire. Ils étaient cinq, trois pour assister et deux pour tirer... Dans leur émotion, ils avaient oublié de fermer la porte. Nous sommes tous tombés. Je me suis réveillée bien après, je me souviens avoir marché sur mes coudes et mes genoux, mes yeux me brûlaient. Je me suis réfugiée non loin de la maison. Les domestiques, affolés, s'étaient réfugiés dans une cabane au milieu des bois. J'ai pu arriver comme un fantôme, blessée au sein gauche, le feu dans la poitrine. On m'a allongée par terre, deux femmes penchées sur moi ont recueilli mes derniers soupirs. Mais c'est comme si le diable sortait de là. Ils étaient terrorisés, j'étais pour eux plus une gêne qu'un objet de pitié, menacés comme ils l'étaient.

254 LES GRANDES VOYANCES DE L'HISTOIRE

Etait-ce une coutume ? Je me souviens que l'on a mis entre mes mains une poudre. Etait-ce de la terre ? J'étais bien trop inconsciente pour savoir. Je me rappelle aussi avoir reçu sur moi le sang chaud d'un poulet ou d'un animal fraîchement abattu. En vérité, je leur étais une gêne. Pourquoi vous dirais-je qu'ils *(les assassins)* sont venus, après ne m'avoir plus retrouvée, pour poser des questions ?

A cinq heures du matin, mon âme s'est envolée. On m'a vite cachée sous de vieux sacs, tant je devenais gênante. J'ai assisté à mon simulacre de funérailles. J'avais tout le poumon abîmé et perforé. Je pense que ce sang d'animal était pour mystifier, pour justifier le sang que j'avais perdu. Les soldats qui auraient pu parler ont été tués, bien sûr, et combien d'emprisonnés, combien d'emprisonnés ! Je me souviens de ma gorge en feu, brûlante, sèche, réclamant de l'eau... Quant à l'autre *(Mme Anderson)*, quelle idée lui est passée par la tête ? C'était bien une affaire de famille. Dirais-je que c'était une possédée, avec une imagination enflammée dans une situation vécue ? N'oubliez pas qu'elle y était fortement poussée par deux personnes...

Fouillez, cherchez, n'oubliez pas l'Angleterre, Georges, Georgie *(George V ?)*. Cherchez par là. N'oubliez pas non plus que l'on avait intérêt à me voir soidisant ressuscitée. Je plaisante, bien sûr. Tout nous a été volé par deux familles dont une qui a trahi ma famille, qui était très proche de ma mère... Charles, Charlie, Carl... Geor... cinq, numéro cinq... Je vous disais, pensez à ses dents. Ses dents n'étaient pas les miennes. Plus que toute autre preuve, celle-ci est la vraie preuve. Ce n'était pas de sa faute, elle y était poussée, travaillée, je dirais possédée. On a cherché à me bafouer, moi et ma famille. On a bafoué les Romanov. On les a bafoués. Accuserai-je ma mère ou mon père ? Non. L'estime, une trop grande confiance et de la faiblesse. Allégeance avec un pays ennemi. Trahison envers un peuple, car cela a été découvert bien après. Je vous le dis, je vous le dis, c'est bien ainsi que cela s'est passé. Alors, qu'on prenne ma place ou pas, peu importe. On a entaché ma mémoire avec tous ces écrits sur nous.

Les domestiques restants, ceux qui vivaient au bord de la forêt, se sont enfuis. Je le sais. En pleine nuit, tirés par des chevaux. Elle *(Mme Anderson)* a eu un fils. Elle s'est mariée. Elle l'a rejeté. L'enfant est mort. Il n'a pas vécu trois mois. Il est bien simple, n'est-ce pas, de dire que ce n'était pas de moi ? Quel est mon intérêt ? L'Histoire est ce qu'elle est. Pierre par pierre, nous découvrirons.

Je ne veux être qu'une petite fille qui joue encore à la poupée. J'aime, je rêve de ma poupée aux tresses blondes, aux doigts cassés, aux doigts de porcelaine. Lorsque vous trouverez le parfum de ma mère, ces fleurs fanées, séchées, vous aurez mis le doigt sur quelque chose d'important. Du jaune, du bleu et de l'or. A la suite de cela, vous découvrirez bien des choses, car, si je parle par énigmes, ce n'est pas ma faute. Il est difficile de s'exprimer, nous qui sommes si détachés. Une femme, une femme parlera pour moi ou témoignera, elle dont la famille a su maintes et maintes choses. Ne l'oubliez pas, c'est par l'Angleterre que tout est venu et le serpent vient de là.

Maintenant, j'aimerais vous parler de mon père et je dirai qu'on ne l'a pas obligé à abdiquer une fois, mais deux fois. *(Le tsar abdiqua d'abord en faveur du tsarévitch. Mais il fut contraint d'abdiquer de nouveau, en son nom propre et au nom de son fils, en faveur de son frère Michel.)* Entre ses quinze, dix-huit et même vingt-deux ans, il a poussé comme une herbe, trop vite, une herbe folle, sans la maturité nécessaire. Deux hommes l'ont profondément marqué, un père *(Alexandre III)* et un oncle *(le grand-duc Vladimir ?)*, dont un portait la moustache et excellait à cheval. Vous le reconnaîtrez aisément. Il adorait se parer de décorations. Il était fier de les exhiber et l'on obligeait mon père, lorsqu'il était encore en train d'apprendre son métier, à s'incliner devant lui et à réciter ce qu'il avait appris. Cela a coupé en lui tout élan et toute spontanéité. Combien a-t-il eu froid lorsqu'il traversait ces sombres couloirs glacés, dorés mais glacés, richement ornés mais glacés, peu faits pour un petit garçon de son âge ! Mon père a vécu toute son enfance dans la terreur de désobéir à cet homme, de ne pas être à la hauteur. Il servait d'exemple à la famille. On le voit sur un tableau, étrennant un superbe costume blanc. Mon Dieu, que de décorations ! Il s'était fait faire des armoiries pour lui, de nouvelles armoiries ou décorations, il en a fait rajouter. Il avait entrelacé deux motifs, un oiseau et une fleur. Et un symbole en forme de croix. Il avait une collection de boîtes remarquable, qu'il commandait spécialement, plus belles les unes que les autres, incrustées de pierreries, d'or et dont une petite boîte à pilules ne quittait pas sa poche. Très fragile des bronches, il toussait, en effet, beaucoup, avait un chat dans la gorge. Sa faiblesse était sa femme. Sa famille a produit deux générations de femmes turbulentes et envahissantes.

Que de fois m'a-t-on fait mettre à genoux, m'obligeant à la prière. Dieu, que je détestais ces positions ! Lorsque ma mère s'est entichée de cet homme *(Raspoutine)*, elle ne voyait plus que par lui. Lorsque mon petit frère Alexis est né, il est arrivé dans notre vie tel l'ogre, ou l'ange, choisissez. Il n'avait pas deux jambes, mais quatre. Car ses bras, il s'en servait énormément, autant que ses jambes : il était tout le temps en mouvement avec ses bras et ses jambes. Ma mère l'avait connu par l'intermédiaire d'une femme, brave paysanne de son entourage, une brave servante qui en avait parlé à une dame très proche de ma mère, genre dame de compagnie. Je me souviens que lorsqu'il riait, on voyait ses dents jusqu'au fond du palais. D'énormes grandes dents faisant un bruit terrible lorsqu'il mangeait. Mais nous avions peu l'occasion, bien sûr, de nous retrouver à sa table. Il rejoignait ma mère dans une petite chapelle qui lui avait été spécialement aménagée dans un coin du palais, chapelle qui, pour camoufler les choses, était destinée à autre chose au départ. C'étaient les rendez-vous secrets de ma mère. Au départ, elle s'y rendait seule, mais, par la suite, mon père était bien obligé de la suivre et de participer. Que de fois au cours de ces étranges réunions n'a-t-on pas invoqué un ange, un petit démon, mais qui apparemment devait soulager mon frère ! Je me souviens de ma mère priant des nuits entières, et même jeûnant, ce qui apparemment ne la gênait guère, car à la fin de sa vie elle mangeait comme un oiseau. Mais elle faisait une obsession sur certains aliments.

Avez-vous entendu parler du ministre de la Guerre de mon père ? Celui qui s'occupait des armées ? *(Le général Rousski ?)* Il avait tendance à bousculer mon père par des opinions tout à fait opposées ; c'était un homme apparemment sage, mais fort violent, buté et têtu. Et mon père était facilement manipulable, à cette époque-là.

Le drame a commencé lorsque j'avais cinq, sept ans. Disons que ce fut le commencement.

Yaguel Didier : Elle parle d'une tante allemande, Mathilde, Martha, Ma, Ma ou Maria. *(La grande-duchesse Maria Pavlovna ?)*

La voix : Une terreur, celle-là, un long nez courbé et fin, la bouche serrée, les lèvres fines et l'œil de braise. Elle fut le nœud et le départ de l'affaire, elle avait trahi ma mère et, en trahissant ma mère, elle trahissait mon père. Elle avait l'air d'une rose, mais que d'épines en elle ! Toute sa vie, elle a trahi, car elle avait auprès d'elle un homme apparemment subalterne qui, en coulisses, tirait les ficelles. Cet homme, comme elle, avait toujours l'excuse de la musique et Dieu sait si, au cours de ces fameux concerts, il s'en est tramé des choses ! On aimait sortir, on aimait le théâtre, la musique, les arts, la peinture, et c'était là le piège. Derrière ces mondanités, ces manifestations artistiques, se cachaient les serpents qui ont tout fait basculer, éclater. De là où je suis, je comprends mieux les choses. Evidemment, je n'étais pas là. Mais qu'importe à présent.

Mon père n'était pas fait pour ce qu'il fut. Ma mère, en réalité, aurait aimé régner. Elle a souffert de ne pas être un homme. Elle avait en elle un besoin de pouvoir, de volonté de pouvoir, mais elle a trouvé plus fort qu'elle, cet homme *(Raspoutine)* l'a complètement manipulée et magnétisée. Il est probable que si ma mère n'avait pas eu ce fils à problèmes, l'Histoire eût été autrement. Mais l'Histoire est ce qu'elle est. Nous sommes ce que nous sommes.

Notre vie s'est arrêtée... lorsque le jour commençait à tomber. J'ai rampé parmi des cadavres, dans un souffle glacé, une grande humidité. Mon front fut abîmé, car, en tombant par terre, je m'étais blessée. Vous a-t-on dit que je me rongeais les ongles ? Surtout ceux de la main gauche que je cachais sous mes jupons, autant que je le pouvais, car j'avais droit, sous l'œil sévère de la personne qui s'occupait de moi, à des réprimandes. J'avais le teint blanc, très éclatant, et des joues hautes et bien accrochées et fort rosées, car nous faisions de la marche. Mon mollet était assez développé et je me souviens de ces longues séances où l'on m'apprenait à danser et où, pour moi, il était si pénible d'être obligée de faire tant de pas. Que de fois ai-je pouffé de rire avec mes petites compagnes tant, au départ, nous trouvions cela grotesque !

Gregor, Gregory *(Raspoutine)* ne quittait jamais son énorme bible, je dis bible bien sûr, vous comprenez ce que je veux dire... Sa mort a été héroïque. Si je ne m'abuse, il a été tué par balles. J'entends des coups de feu. Il adorait manger, que de viande, que de morceaux de viande n'a-t-il pas avalés ! Superstitieux, il aimait manger dans une vaisselle d'or. Il avait son couvert particulier, et l'on a retrouvé dans une malle des couverts lui appartenant, qu'on lui avait offerts, ou qu'il s'était fait offrir. Il avait une telle peur du poison qu'il se promenait avec ses couverts, ses choses à lui. Je me souviens d'un geste de ma mère lui passant autour du cou un chapelet, et lui refaisant le même geste. Cérémonie secrète entre eux, symbolique, qui les liait à vie.

Je me souviens des cataplasmes d'animaux, de sang chaud d'animaux que l'on mettait sur mon frère *(le tsarévitch hémophile)*. On lui mettait sur le bout de la langue je ne saurais vous dire quoi exactement, car tout ceci était fort étrange. Cet homme essayait de nous charmer par des tours de magie et de passe-passe avec des rubans, des chapeaux, des verres, de l'eau, des couleurs, beaucoup, beaucoup de couleurs. Nous appelions cela sa boîte à malices. A-t-on dit qu'il avait une oreille percée ? *(Raspoutine portait des pendants d'oreilles.)* Des poils lui sortaient des oreilles. Il avait un gros cou puissant et, sur la gauche, une grosse veine sortait lorsqu'il se trouvait en état d'ébriété ou de grande colère. A ce moment-là, il terrorisait plus ma mère qu'il ne la sécurisait, mais elle n'osait rien dire devant lui. Enfants, nous étions obligés de nous incliner devant lui et, de sa lourde main, il nous passait son doigt sur la figure, sous le menton. Il nous effleurait la joue. Il adorait faire ripaille avec trois de ses compagnons. Pendant longtemps mon père se refusait à manger à sa table. Près de lui, une religieuse, en a-t-on parlé ?, a joué un rôle occulte important. Cet homme était la superstition même. C'était un grand astrologue, entouré d'autres astrologues, une dizaine de personnes travaillaient pour lui. Que de fois nos thèmes et celui de notre amie *(Mme Anderson ?)* ont-ils été faits ! Mais tout ceci variait selon le temps et l'humeur, car il ne s'agissait pas, bien sûr, d'affoler ma famille. Il a fait assister ma mère à des séances secrètes de magie, des rituels, qui se déroulaient dans les sous-sols du palais. Si je n'y suis point allée moi-même, je me souviens des murs tapissés de très belles tentures. Il aimait particulièrement un certain chandelier que ma mère avait fait faire pour lui et dont les branches s'ouvraient comme des clochettes. Il adorait les verres de couleur, ou les pierres de couleur, je ne sais pas. Vous a-t-on dit qu'il était diabétique ou menacé de cette maladie-là ? Il adorait tout ce qui était faisandé.

Toute sa vie, il est resté fanatiquement attaché à sa mère. Pauvre femme esseulée, à qui il a permis pendant un certain temps de trouver une certaine dignité humaine. Il avait une revanche à prendre sur la vie. Saviez-vous qu'il avait vécu pendant de longues années au milieu de prêtres ? Il connaissait à fond la religion. Il pouvait, brillant causeur qu'il était, parler des nuits entières, fascinant son entourage, et combien, de cette façon, a-t-il converti de gens de la

Cour, femmes de la Cour, surtout les femmes ! Il savait s'attacher les humbles, les humbles gens, et dispensait de grands pourboires au personnel. Il passait ainsi pour un saint homme et personne n'aurait osé lui cracher dessus. Et même, au moment de la révolte, où l'on a commencé à parler de lui, à se méfier, il avait pour lui les petites gens. Saviez-vous qu'à l'époque c'était un personnage fort connu et que, du fin fond de la Sibérie, on connaissait son nom ? On le priait comme un dieu. Combien de petites gens ont pleuré à sa mort !

Pour ma part, il ressemblait à un sanglier. Mais cet homme savait aussi être très raffiné, car il avait le goût du luxe dans lequel il aimait se vautrer. Je me souviens de ses grandes bottes qui craquaient sur le parquet, de ses yeux noirs brillants et de sa barbe taillée en pointe, et de ce vêtement blanc dont il aimait se draper au cours de ces séances rituelles. Mon père, pendant un certain temps, a été mis en garde par les gens de son entourage et puis le malin, ayant obtenu des résultats auprès de mon frère, s'est fait adopter. Il avait la particularité de soigner les douleurs des femmes lorsqu'elles avaient mal au ventre, il avait un don extraordinaire pour apaiser les douleurs. Il connaissait un mélange secret, magique, qui rétablissait la circulation du sang des femmes. Breuvage qu'il faisait préparer dans ses officines, dans les campagnes lointaines, et dont, pour rien au monde, il n'aurait donné la recette. Il était lui-même un brillant astrologue. Il avait une mémoire prodigieuse, mais lui aussi a été trahi par les siens. A la fin, terrorisée par lui, ma mère ne dormait pas la nuit, et ce sont des parents affaiblis, épuisés, anéantis, qui, ce jour-là *(celui de leur assassinat)*, sont descendus avec leurs enfants dans les sous-sols...

Cette tante *(la grande-duchesse Maria Pavlovna ?)*, cette femme, la traîtresse, portait souvent du noir ou du marron glacé et nous reconnaissions ses pas au bruit du tissu. Elle tenait toujours dans la main un chapelet. Elle avait toujours un col blanc, assez haut. Bien qu'elle ait eu des enfants et un mari, ceux-ci n'ont pratiquement pas compté. C'était pour nous, enfants, une image sèche, raide, mais qui savait à l'occasion se faire doucereuse et nous apporter quelques douceurs. Elle était maniaque par rapport aux pendules et au temps, elle arrivait et elle repartait toujours à l'heure.

Celle qui se faisait passer pour moi, pour Anastasia, avait trois sangs mêlés, trois origines, allemande, autrichienne et pas russe. C'est bizarre. Sibérie, Sibérie... Je ne veux pas parler d'elle, car elle me clôt la bouche. Peut-être l'heure n'est-elle pas aux révélations ? L'important pour vous est de savoir que j'existe. Je sais beaucoup de choses et le peu dont je puisse témoigner est déjà suffisant. De grâce, la preuve viendra d'elle-même. Fouillez, cherchez, analysez, voyez et attendez. La marche du temps est engagée. Il n'y a pas un crime au monde qui n'ait jamais été étalé au grand jour. Et vous serez à même de recevoir des révélations surprenantes si vous-même posez les premières pierres. N'oubliez jamais que, par les Anglais, on peut découvrir des choses, l'Allemagne et l'Autriche aussi, et ces familles-là au sang mêlé. Et qui ont elles-mêmes ensemble recréé d'autres familles...

J'ai entendu dire dans ma famille que ma mère avait eu un début de tumeur touchant un de ses organes féminins et que ce diable d'homme l'a stoppée. Auparavant, deux médecins s'étaient penchés sur son cas avec beaucoup de résultats, mais lui, lui a fait croire que c'était fini. Le psychisme de ma mère était si fortement influencé par cet homme qu'effectivement il avait ce pouvoir.

J'ai oublié de vous donner un détail : elle, la fausse *(Mme Anderson)*, avait les oreilles plus décollées que les miennes.

Mon oncle, le grand-duc *(le duc de Hesse, frère de la tsarine)*, lui aussi à la fin s'est laissé influencer. Lui aussi a lâché ma famille au dernier moment. Alors qu'au départ il la soutenait. Cela fut une déception, mais il ne l'a pas ouvertement formulé. Dans sa position, il pouvait faire quelque chose au dernier moment et il ne l'a pas fait, parce qu'il ne croyait pas qu'on irait au bout. Il n'y croyait pas.

Yaguel Didier : Et puis Anastasia trépigne, elle tape du pied, elle dit...

« Je veux qu'on dise que Mme Anderson n'était pas moi. »

Question posée à Yaguel Didier : Ce grand-duc en question est-il venu en Russie pendant la guerre ?

Yaguel Didier : Oui, mais sous un autre nom. Il est même venu une ou deux fois... La fausse Anastasia qui est d'origine allemande et simple, je me demande si elle n'avait pas été recueillie, si elle n'avait pas travaillé pour des gens très haut placés. En tout cas, elle était informée, la fausse, admirablement bien informée... Je vois, j'entends... c'est comme si Anastasia trépignait... Elle est moins forte que l'autre *(Mme Anderson)*. Vous savez pourquoi ? Parce qu'elle était trop jeune lorsqu'elle est morte, alors que l'autre est morte vieille.

Commentaire

Si Anastasia avait été massacrée avec sa famille, s'il n'y avait eu aucun doute, nulle, à moins d'être tout à fait folle, n'aurait pu prétendre la personnifier. D'un autre côté, si Anastasia avait vraiment survécu et était réapparue, elle aurait fourni les preuves indiscutables de son identité.

Le « mystère » d'Anastasia découle de ces deux conditions qui n'ont jamais été remplies.

Aussi, l'explication fournie par Yaguel Didier semble intéressante :

1. La fille de la servante du palais joue avec la petite Anastasia, du même âge qu'elle. Ce sont les meilleures amies du monde. La fille de la servante met les robes d'Anastasia, se prend pour elle... D'ailleurs, elle lui ressemble...

2. Les deux enfants sont séparées, mais se retrouvent au moment de la révolution.

3. Iekaterinenbourg, juillet 1918. La famille impériale est massacrée. Anastasia est blessée à mort. Les assassins, qui se sont enivrés pour se donner du courage, n'y prêtent pas attention et quittent la

pièce, laissant les portes ouvertes. Elle parvient à s'échapper et à rejoindre les membres de la suite impériale.

4. Là, elle aurait retrouvé son amie d'enfance, devenue plus tard « Mme Anderson ». Celle-ci est venue à Iekaterinenbourg avec sa mère, comme plusieurs anciens serviteurs du palais. Mais ils vivent en dehors de la maison Ipatiev, prison de la famille impériale. Les deux amies se sont-elles revues avant le massacre ? « Mme Anderson » a-t-elle aidé Anastasia blessée à s'échapper de la maison Ipatiev ?

5. Anastasia, blessée, épuisée, meurt. On enlève secrètement son cadavre, éminemment compromettant.

6. Entre-temps, les bolcheviques se sont aperçus de la disparition d'Anastasia. D'où affolement, communiqués contradictoires, rumeurs qui immédiatement circulent. Peu à peu, le doute s'installe : tous les membres de la famille impériale ne seraient pas morts dans le massacre... Les bolcheviques, enterrent les cadavres secrètement, afin de cacher au monde qu'il en manque un, celui d'Anastasia. Les restes trouvés plus tard, dans un puits de mine avoisinant, par l'armée blanche, ne prouveront rien et ne feront qu'alimenter les doutes. Puis les bolcheviques tuent les témoins gênants : les soldats qui ont perpétré le massacre, les serviteurs de la famille impériale, dont la mère de « Mme Anderson ».

7. « Mme Anderson » qui, elle, a réussi à s'échapper et à survivre jusqu'à l'arrivée des Blancs, est emmenée en Ukraine puis en Roumanie par la famille Tschaïkovski.

8. Le processus psychologique qui aboutit à son identification avec Anastasia est admirablement

décrit par Yaguel Didier... Plus tard, « deux personnes » la manipuleront pour tenter de mettre la main
sur l'héritage du tsar Nicolas II, déposé à l'étranger.

9. Si « Mme Anderson » réussit à convaincre plusieurs familiers de la famille impériale, c'est parce
qu'elle ressemblait à Anastasia, et parce que, compagne d'enfance d'Anastasia, elle connaissait les détails
intimes de sa vie, de sa famille, du palais. Parce
qu'elle savait surtout comment Anastasia avait
échappé au massacre.

De nombreux détails donnés par Yaguel Didier
sur Mme Anderson sont rigoureusement exacts : sa
tentative de suicide par noyade, sa maladie pulmo-
naire, « la cabane dans la forêt » (Noire) où elle vécut
misérablement plusieurs années, « le baron au nom
allemand » (von Kleist) qui l'a tant aidée...

Enfin, on ne peut qu'être frappé par le « discours »
d'Anastasia elle-même. Elle ne révèle pas de secrets
historiques. Mais cette vision personnelle et enfan-
tine, ces détails intimes, ont un troublant accent de
vérité. Le portrait de ses parents, celui de Raspoutine
paraissent authentiques.

Le plus étrange est l'insistance avec laquelle Anastasia, par la bouche de Yaguel Didier, évoque la
trahison, les complots, l'héritage. En ce qui concerne
ce dernier point, on croit savoir que le tsar, en
août 1914, aurait fait déposer vingt-cinq millions de
roubles or à la Banque d'Angleterre. « Nous avons
des fonds en Angleterre », aurait dit, de son côté,
l'impératrice à Lilli de Dehn. L'Angleterre... Anastasia
la met violemment en cause, à plusieurs reprises,
dans ses propos. Qu'en est-il exactement ?

Il y a eu effectivement trahison et complot. Le
général Alexeïev, conseiller du tsar, après avoir
envoyé à tous les généraux une dépêche les invitant

à joindre leur voix à la sienne, pour persuader le tsar d'abdiquer, donna de faux renseignements au général Rousski, chef d'état-major de Nicolas II, et le « travailla » jusqu'à ce qu'il se range du côté de la révolution, ce qui fera écrire au tsar, dans son journal intime, le 2 mars 1917, jour où il signa sa première abdication : *Tout autour de moi n'est que trahison, lâcheté, fourberie.*

Le 19 mars 1917, Milioukov, ministre des Affaires étrangères du gouvernement provisoire, demanda à l'Angleterre d'accueillir le tsar et sa famille. Mais Lloyd George, le Premier ministre britannique, refusa sous le prétexte que l'arrivée de la famille impériale amènerait des désordres et des grèves... Pourtant, le tsar était cousin du roi d'Angleterre et la tsarine était la petite-fille préférée de la reine Victoria.

Trahison également, en ce qui concerne la grand-tante d'Anastasia, la grande-duchesse Maria Pavlovna de Mecklembourg ? Son palais de Saint-Pétersbourg était le lieu de réunion des Romanov, ou assimilés, dont la présence n'était pas « souhaitée » à Tsarskoïe Selo, la résidence du tsar. A-t-elle trahi ? Ce qu'on peut dire, c'est qu'elle faisait partie d'un clan hostile à la famille impériale. Maria Pavlovna était veuve du grand-duc Vladimir, fils d'Alexandre II. Peut-être rêvait-elle de voir un de ses fils : Kyril, André, succéder à Nicolas II ?

D'autres détails formulés par Yaguel Didier, à travers qui Anastasia s'exprime, sont troublants d'exactitude.

Son goût pour la musique, par exemple (son professeur était M. Conrad), ou le rappel de ses cahiers d'enfant : certains de ces cahiers, ayant appartenu à Alexis, le tsarévitch, et à ses quatre sœurs, furent retrouvés à la suite d'un inventaire après décès, dans le coffre-fort de Pierre Gilliard, leur précepteur.

Quant aux boîtes dont il est fait mention plus tôt, elles étaient fabriquées par deux fournisseurs, l'un russe, Fabergé, à Saint-Pétersbourg, l'autre français, J. Sommer, à Paris.

Hitler

Faut-il présenter Hitler ?
Sa légende noire de plus grand criminel de tous les temps hante à jamais la conscience de l'humanité.

On soumet une photographie de Hitler, sous pli scellé, à Yaguel Didier.

Yaguel Didier : Je sens un homme. Il porte un costume particulier, je vois des choses sur sa poitrine.

— Oui.

Yaguel Didier : Ce personnage a eu deux passages, deux périodes de sa vie importantes et différentes. D'abord une phase extrêmement difficile (*Hitler chômeur à Vienne dans sa jeunesse*), comme s'il avait été en butte avec des gens. C'est un homme à ressorts, à rebondissements ; un personnage caméléon, aux facultés de récupération inouïes.

— Tout à fait.

Yaguel Didier : C'est un personnage inattendu. On l'attend là et en fait il se trouve ailleurs. Il a d'étonnantes facultés d'adaptation, mais en même temps il a en lui une violence inouïe. Je vois énormément de morts, des choses très très sanglantes autour de lui. Peut-on dire qu'il a eu une mort bizarre ?

— Oui.

Yaguel Didier: Le mystère est là. C'est un personnage doté d'un regard puissant, un personnage quasi mystique, religieux, ou qu'on a pu croire tel et investi d'une mission ! Mais diabolique aussi. Il y a du diabolique en lui. Ce qui me frappe chez cet homme, c'est son regard. Un regard d'halluciné. Il y a chez lui une violence, une force énorme. C'est un homme de pouvoir et qui a joui d'un pouvoir immense sur les gens. Peut-on dire cela ?

— Oui, tout à fait.

Yaguel Didier: Je sens une force. Etait-ce quelqu'un capable de lancer des malédictions ? (*Sur les Juifs, les Tsiganes.*) Je vois comme une malédiction sortir de lui, quelque chose de maléfique. Il me fait penser à un sorcier. Il a une tenue particulière. Je vois une grande croix sur lui. (*La croix gammée, évidemment.*)

— Oui.

Yaguel Didier: Je vois une croix. Mais que de violence autour de lui, que de morts ! Cet homme avait un pouvoir de visionnaire *(Hitler: « Qui entend le national-socialisme comme un mouvement politique n'en comprend pas grand-chose. Il est plus qu'une religion, il est la volonté de créer le surhomme. »)* Je vois ses yeux très brillants. Ce « mystique » a en même temps un côté païen, jouisseur, aimant la vie. Il est plus païen que jouisseur. Un païen... mystique. *(Le nazisme s'est défini comme un néo-paganisme, exaltant les grands mythes aryens et les brumes wagnériennes.)* Sa mort a été cachée pendant quelques jours.

— Oui, absolument.

Yaguel Didier: Je vais essayer de cerner le personnage.

Fut-il obligé de mentir dans sa vie, de cacher certaines choses ? Cet homme savait quand il allait mourir. En tout cas, il le pressentait. Il est mort au moment où il allait faire mille choses, regorgeait de projets. A-t-on su qu'un de ses proches l'avait tué ?

— Il aurait été tué ?

Yaguel Didier: J'ai l'impression, oui, qu'il a été tué. Il est mort, n'est-ce pas ?

— Oui.

Yaguel Didier: A mon avis, il n'est pas mort de mort naturelle. Je vois une disparition cachée, comme si on annonçait sa mort quelque temps après. Ce personnage aurait très bien pu faire partie d'une franc-maçonnerie. Avait-il un visage émacié, mince, allongé ? Un visage qui dégage une force très grande ? Je dirais que ce visage dégage une certaine beauté, tant le personnage a quelque chose de puissant en lui. Il y a eu beaucoup de sang autour de lui. C'est un personnage extrêmement anxieux. Je me demande si, dans sa vie personnelle, il n'était pas impuissant ?

— On l'a dit, en effet.

Yaguel Didier: Je vois une forme d'impuissance. Les femmes lui ont toujours fait peur. C'est un homme qui a rédigé beaucoup de choses; je vois beaucoup d'écrits autour de lui. (*A commencer, bien sûr, par* Mein Kampf.) A un moment donné, il a été tenté par quelque chose, puis en a abandonné l'idée (*la peinture*). C'est un homme qui, sur le plan de la carrière, de l'action, de l'activité, a été, un moment donné, tenté par autre chose, différent de ce qu'il faisait.

J'ai une image de lui tournant dans une pièce, comme un fauve en cage. Il tourne, il marche sans arrêt, il réfléchit. (*Hitler rédigea* Mein Kampf *en prison après le putsch raté de Munich de 1923.*) Cet homme a vécu une situation où il s'est senti piégé. C'est comme si des personnes de son entourage l'avaient amené dans une situation où il a été piégé, où il a été obligé de faire des choses qui allaient contre ses idées ou ses désirs. Et puis après, avec le temps, l'homme a trouvé son espace. A-t-on su que cet homme aimait les modèles réduits d'avions ou de bateaux ou de voitures ? Je le vois s'intéresser à de petits objets, des objets miniatures. Qu'est-ce que c'est que ce grand « V » autour de lui ? Je vois un grand « V » autour de lui. A-t-on parlé d'un suicide à un moment donné ?

— Oui.

Yaguel Didier : Je vois le suicide sur lui. Je vois aussi une femme importante près de lui. (*Eva Braun, évidemment.*) Je vois tellement de morts autour de lui ! Je vois des chars. Etait-ce une époque où il y avait des chars d'assaut ? Ce n'est pas dans un passé lointain. Je vois sur sa poitrine un signe très particulier. Cela me fait penser à une croix. Je vois trois personnages importants autour de lui (*Goebbels, Goering et Himmler*), dont un avec une grosse tête et les yeux bleus. C'est aussi un homme qui a été très influencé par son entourage. Sa mère joue un rôle important. Ce fut un enfant malheureux, introverti, mal dans sa peau. Et curieusement, on dirait que la voie qu'il a prise n'était pas celle choisie au départ. Il a été mis là par un concours de circonstances étrange. Je répète : trois hommes près de lui ont joué un rôle important. Cet homme croyait aux sciences occultes, et je pense qu'un jour quelqu'un a dû lui dire qu'il mourrait à une certaine date. Il le croyait, parce qu'il était extrêmement superstitieux. Autour de lui, je vois des cadavres, des cadavres et encore des cadavres. Ce qui est bizarre, c'est que les gens autour de lui étaient presque pires que lui. Lui était faible, influençable. Sa force, paradoxalement, il l'a puisée dans sa faiblesse. C'est parce qu'il était faible qu'il a été cruel. Mais sa folie le rendait cruel. Il est morbide, paranoïaque avec par moments des éclairs de génie. Je revois des guerres et des guerres, je revois des monceaux de cadavres. J'entends le mot « rafle », « racisme » ou « race ». A côté de lui, il y a eu des bouchers, si je puis dire. J'entends le mot « boucher », des gens cruels, plus cruels que lui (*Streicher, Heydrich, Mengele*), pires que lui. Pour moi, c'est un fanatique, un faible, un impuissant, même s'il a vécu avec une femme. J'allais dire qu'il avait un petit pénis ! Je lui vois un tout petit sexe. Il avait des problèmes de santé ; des angoisses par rapport à sa santé. Je ne sais pas s'il était agoraphobe, mais il avait des phobies, il avait peur de se retrouver dans des pièces fermées. Je le sens claustrophobe. J'entends le mot « exterminer ». Il y a eu des exterminations autour de lui. Il a du sang sur les mains. Mais en même temps il était mystique, d'un mysticisme particulier. J'entends — c'est curieux — des langues étrangères, et je vois une maison sur une espèce de montagne ou des collines, comme une maison-bunker, une forteresse. (*Le Nid d'aigle de Berchtesgaden, bien sûr.*) Beaucoup de choses se passaient dans cette maison de montagne, comme un quartier général. Je vois des militaires autour de lui. Ce fut un militaire ou il a été militaire à un moment donné. (*Caporal pendant la Première Guerre mondiale.*)

On ne l'a pas tué. Je vois plusieurs personnes s'enfuir autour de lui. Je vois des gens fuir. Je crois qu'il s'est suicidé. Je vois un suicide. Je disais tout à l'heure qu'on l'a tué, mais en fait quelqu'un lui a dit qu'il lui fallait se suicider. On dirait qu'il est mort avec une femme. Mais je me demande si elle ne l'a pas poussé au suicide. J'ai l'impression que c'est elle. Je vois des gens lui tourner le dos à la fin de sa vie, alors qu'au début ils l'avaient soutenu. (*Rommel et les conjurés du putsch de Berlin de juillet 1944.*) Le fanatisme entoure cet homme ! Il a des yeux — non, il n'est pas beau. Il a des yeux perçants, il a une barbe ou une moustache très noire. Mais à côté de lui, en revanche, je vois quelqu'un de très beau, un homme qui a de très beaux yeux bleus (*Heydrich*). Lui a dû faire d'horribles complexes physiques. Des gens à l'époque le trouvaient beau parce qu'il rayonnait de je ne sais quoi de particulier. C'était quelqu'un capable de maîtriser des foules. C'est un malade, un vrai malade. Pour moi, c'est vraiment le paranoïaque et le mégalomane parfait. Des âges me paraissent importants dans sa vie. Entre trois et sept ans. Entre treize et quatorze ans. (*Hitler orphelin de père*.) C'est Hitler ?

— Oui. S'est-il vraiment suicidé ?

Yaguel Didier : Je pense que c'est une femme qui l'a poussé. Je vais essayer de vous décrire sa fin. Il s'enferme dans un endroit (*le fameux bunker souterrain de la chancellerie de Berlin*) ; il croit, jusqu'au dernier moment, qu'il va gagner (*grâce au miracle des « armes nouvelles », V2, bombe atomique*), il est trahi par des gens autour de lui. Quel est le rapport des Anglais dans cette histoire ? Les Anglais auraient annoncé quelque chose et lui se dit que c'est fini. Mais jusqu'au dernier moment il a cru au miracle. Puis il s'est suicidé. On ne sait pas ce qui s'est passé ? Je pense qu'on les a poussés tous les deux à le faire. Y a-t-il eu d'autres suicidés autour de lui ?

— Oui (*Goebbels et sa famille*).

Yaguel Didier : Je peux vous dire qu'on l'a poussé à se suicider. La femme ! Il croit au miracle jusqu'au bout. On dirait qu'il a avalé quelque chose et puis après il y a eu un coup de revolver.

— Qui tire ?

Yaguel Didier: Je crois que c'est lui. Mais un homme est avec eux. On l'oblige à se suicider. Ce n'est pas une chose qu'il aurait faite de lui-même.

— Qu'est-il arrivé à son corps ?

Yaguel Didier: Il a été changé de place. Au départ, curieusement, sa mort n'arrange pas tout le monde. C'est pour cela qu'il faut faire traîner les choses, les cacher. Cela a-t-il duré trois jours ? Je vois trois jours entre sa mort et l'annonce de sa mort. Le temps d'organiser des choses.

Commentaire

Yaguel Didier a identifié une par une les principales caractéristiques publiques et privées, physiques et psychologiques, biographiques et politiques du dictateur mégalomane.

Son jugement du personnage est sans appel.

Quant à la fin de Hitler (le 30 avril 1945, en compagnie de sa maîtresse Eva Braun qu'il venait d'épouser), si Yaguel Didier confirme bien la thèse du suicide, elle invoque une pression extérieure (sa nouvelle épouse) et surtout un délai de trois jours avant l'annonce officielle de sa mort, que l'amiral Dönitz mit en effet à profit pour se proclamer son successeur.

Sigmund Freud

Freud, l'inventeur de la psychanalyse au tournant de ce siècle, l'homme qui découvrit l'inconscient et le complexe d'Œdipe, expliqua les névroses (par le refoulement de la libido) et les rêves (comme réalisation d'un désir masqué), a déchiffré comme nul autre avant lui l'énigme de la nature humaine.

Grâce à ce génie limpide, nos passions, nos obsessions, nos folies ont perdu leur mystère. Les Dieux rendent fous ceux qu'ils veulent perdre, croyait-on. On sait désormais que l'homme se suffit à cette tâche et quelles en sont les raisons. Conflits familiaux, principe de plaisir contre principe de réalité, Eros contre Thanatos : nous ne sommes que les jouets de nous-mêmes.

Il était évidemment tentant de soumettre le cas Freud à Yaguel Didier. Qui était l'homme qui inventa la psychanalyse ? Y a-t-il un mystère Freud ?

On soumet à Yaguel Didier une photo de Freud en 1938, sous pli scellé.

Yaguel Didier: Je vois une femme qui pleure. Il y a aussi une femme dans cette histoire. (*Dora ? sa première et plus célèbre analysée.*) Je vois quelqu'un qui, très, très vite, en cachette (c'est peut-être symbolique) prend des papiers, les brûle ou les jette, fait disparaître des choses importantes. Cette histoire-là a deux versions, l'officielle et la non-officielle. Je le répète : quelqu'un dans cette histoire sait beaucoup de choses et fait disparaître les preuves. Quelqu'un est au courant de certains événements mais je ne sais pas encore lesquels. J'imagine qu'il y a un décès, une mort, et l'on cache cette mort. Ou bien quelque chose se passe en deux temps. Soit il y a deux versions, soit l'événement se passe en deux temps.

Il y a un 8, une année se termine en 8, quelque chose se termine en 8. (*La photographie soumise à Yaguel Didier porte la date 1938.*) Je vois une femme près de ce personnage. C'est le personnage qui vous intéresse ?

— Oui.

Yaguel Didier : J'ai l'impression qu'autour de ce personnage deux femmes mentent ou disent chacune une vérité, leur vérité.

— Exact.

Yaguel Didier : Je vois deux femmes. L'une est plus âgée que l'autre (*Melanie Klein, qui inventa la psychanalyse d'enfants ?*), elle en sait plus que l'autre ; elle est liée au passé. L'autre est plus liée au présent (*Anna Freud, la fille de Freud, son « Antigone », qui s'exila avec lui à Londres en 1938*), au personnage qui est là sous l'enveloppe et qui, lui, a quelque chose dans le sourire de tout à fait énigmatique. Je lui vois un sourire énigmatique. Ce personnage a vécu sa vie dans l'ambiguïté. Il a passé sa vie, je ne dis pas à tromper son monde, mais à jouer sur l'ambiguïté. D'ailleurs, il me regarde et sourit, l'air de me dire : « Bien malin qui pourra me dévoiler ! Certainement pas vous ! » Je me demande si cette femme âgée n'est pas sa mère ; ce personnage peut être un élément clé. Si ce n'est pas sa mère ou sa sœur, c'est une femme qui a avec lui un rapport protecteur et maternant. C'est drôle, il me regarde et sourit. Je pense qu'il a organisé sa vie sur l'ambiguïté.

J'ai l'impression que beaucoup de gens n'étaient pas d'accord avec ce qu'il disait. C'était pour lui comme un jeu. C'est vraiment un personnage avec une double personnalité. Il était miné par une angoisse terrible. Et quelque part, curieusement, il a été pris à son propre piège.

Etait-ce quelqu'un d'apparence extrêmement coquet, sophistiqué, qui aimait être entouré ? Il y a quelque chose de très joyeux autour de lui. Je vois aussi de très belles choses. (*Freud avait une superbe collection de statuettes antiques.*) Il y a tout un raffinement dans son entourage et en lui.

Est-ce que à un moment donné... Je ne sais pas, j'entre dans quelque chose de plus intime, je ne sais comment l'interpréter, parce que je ne veux pas dire de bêtises — je vois quelqu'un... Peut-on dire que le personnage était impuissant ? Je vais essayer de vous dire pourquoi. D'un côté je vois des femmes, de l'autre des hommes, et puis plus rien... Comme s'il y avait autour de lui des marionnettes qui étaient là pour jouer un rôle que lui-même avait organisé de bout en bout. Je ne sais pas qui c'est, mais c'est un personnage extraordinaire. J'ai l'impression qu'il trompe son monde mais qu'il se trompe aussi lui-même. Je ne sais pas pourquoi, je vois un personnage qui a des problèmes.

C'est un solitaire, affligé d'une forme d'impuissance précoce. Il y a quelque chose de très sexuel dans son histoire, mais ce n'est pas que cela. Est-ce quelqu'un qui a beaucoup écrit ? Je le vois écrivant, prenant des notes. Il se lève la nuit, se relève, et écrit, écrit, d'une petite écriture serrée. Lorsque cela lui semble trop confus, il se remet au travail. Il reprend ses mots et se remet à écrire frénétiquement, et c'est très dense. J'aime bien ce personnage parce qu'il est très simple et surtout dupe de rien. Mais aussi machiavélique ! En fait, tout son parcours se rapporte à un personnage, à un rival (*Carl Jung, son élève, puis dissident, qui inventa la psychologie des profondeurs et l'inconscient collectif ?*) qu'il voulait abattre mais pas par balles... bien sûr ! Tel a été son objectif. Très spécial, ce personnage ! Les derniers jours ont été très tristes.

Je le vois s'enfermer dans un endroit pour rester seul. S'enfermait-il pour être seul ? Je le vois encore en train de prendre des notes, d'une écriture un peu serrée, très particulière. Je vois près de lui comme un grand caillou, quelque chose d'assez gros, d'assez beau. Il tourne des pages, il est très nerveux et en même temps extérieurement très contrôlé. Mais c'est quelqu'un qui, au fond de lui, avait envie de massacrer quelqu'un d'autre. Son destin a connu une tragédie. Il n'est pas mort tragiquement ?

— Non.

Yaguel Didier : Il est mort tristement alors !

— Oui, mais serein.

Yaguel Didier : La tragédie de cet homme — je le ressens ainsi : s'être dupé lui-même. Il est responsable de sa tragédie, parce qu'il est allé trop loin. Votre histoire est compliquée, vraiment pas simple ! Je le vois souriant et très avenant, très gentleman. Il a de belles manières, votre personnage. (*Freud le Viennois était la civilité même.*)

Je vais remonter au petit garçon. A-t-il un moment porté des culottes serrées, ou des pantalons serrés ainsi ? Ce ne sont pas des pantalons, ce sont des culottes.

— Exact. Des culottes de golf. (*Une célèbre photographie de Freud le montre ainsi.*)

Yaguel Didier : Je ne sais pas s'il a fait du cheval, mais il a une allure de cavalier. Je le vois dans un endroit clos entouré de murs épais. Il est dans une pièce sombre. L'endroit est imposant. A-t-il vécu dans un tel endroit à un moment donné ? Un endroit austère et retiré. Je le vois tourner entre quatre murs. Je ne dis pas que c'est une prison ; ce peut être aussi une caserne, mais cela peut être aussi un enfermement symbolique (*la prison des névroses ?*).

Je vois des lettres qui s'empilent. Il y a des paquets de lettres autour de lui. D'un côté il écrit certaines choses, de l'autre côté il écrit le contraire. A chaque fois, au niveau des écrits, il avance une chose et son contraire. Il se contredit. A-t-il fait quelque chose d'important autour de trente, trente-cinq ans ? (*Freud découvre le complexe d'Œdipe, fondement de la psychanalyse, à trente et un ans, en 1897, écrit* l'Interprétation des rêves *à trente-quatre ans.*)

— Oui, de fondamental.

Yaguel Didier: Mais ce qui est le plus frappant chez lui, ce sont ses écrits, ces paquets de lettres. A un moment donné il écrit à quelqu'un, je me demande s'il n'y a pas toute une correspondance avec ce personnage. (*Sa correspondance avec Wilhelm Fliess servit à Freud d'auto-analyse.*) Au fond, vous voulez savoir quoi sur lui ? Qui il était ?

— Oui.

Yaguel Didier: A-t-il été le personnage d'un opéra ou d'une comédie ou d'un roman ? Pas mythique, mais presque.

— Oui (*le film de Huston*: Freud, passions secrètes *sur un scénario, au départ, de Sartre*).

Yaguel Didier: Est-ce que, associée à lui, il y a de la musique ? J'entends de la musique autour de lui. C'est très, très dur. Qu'est-ce que vous m'avez mis sous cette enveloppe ?

— Un diable !

Yaguel Didier: D'accord. En tout cas, ce sont trois personnages au moins, trois personnalités. Je le répète, je le vois mourir seul et je vois une tragédie. Il s'est pris à son propre piège et puis n'a plus pu revenir en arrière, tout en étant très conscient. C'est quelqu'un qui s'est vraiment menti aussi à lui-même. Il a brûlé — je le répète — des choses qu'il avait écrites. Il me regarde avec des yeux ronds, perçants, un regard qui plonge — avec quelque chose de pointu dans le visage, d'émacié, de maigre. Qu'a-t-il sur la tête ? A-t-il été représenté avec quelque chose sur la tête ? Coiffure, cheveux ou chapeau, je le vois portant

quelque chose sur la tête. A-t-il quelque chose d'émacié dans le visage ? Un regard très noir, très perçant ?
Mais surtout, le regard de ce personnage est extraordinaire. A-t-il un physique oriental ou méditerra-
néen ? Pourtant, les yeux sont très perçants.

Je vais essayer d'aller plus loin, mais que c'est
difficile ! Peut-on dire que c'est quelqu'un qui s'intéressait à l'ésotérisme ? S'intéressait-il à cela ?

— Oui.

Yaguel Didier: Des choses très ésotériques ?

— Oui, en un sens.

Yaguel Didier: L'ésotérisme au sens large du terme.
Quand il est jeune, il passe un an ou deux ou trois
— je ne sais pas — durant lesquels il plonge dans ce
monde. Tout part de cette initiation, de ce qu'il a
appris là. Sa vie fait un tournant à ce moment-là. A
son époque, autour de lui il y a eu des guerres, des
révolutions, des rébellions, des morts. A un moment
donné, ce personnage a été une sorte d'émissaire, a
servi d'émissaire. C'est aussi un homme de salon. Je
vois des salons créés (*Freud crée en 1908 la Société
psychanalytique de Vienne et l'Association psychanalytique internationale en 1910*) autour de lui... ou à
cause de lui.

— Pourriez-vous voir ce qu'il écrit ?

Yaguel Didier: Qu'a-t-il sur la tête ? Il n'a pas été
représenté avec un truc sur la tête ? (ou bien c'est
encore une image symbolique).

— Non, il a tout bêtement un chapeau.

Yaguel Didier: A la fin de sa vie, il parle avec
une voix chevrotante, il a un côté chevrotant ou
tremblant. Il a joué un rôle — je ne sais pas de quelle
façon — lors d'une guerre. A-t-il été en accord
avec des gens en opposition avec son pays ? (*Freud
pacifiste pendant la Première Guerre mondiale*.) Je le
vois en contact, en discussion, en relation avec des

étrangers et il n'est pas toujours compris ! Comme s'il avait fait quelque chose qui était mal vu ou mal interprété.

— Interprété est le mot juste !

Yaguel Didier : Des gens, à un moment donné, ont trouvé que ce qu'il avait dit était idiot. J'interprète : on dirait que l'essentiel de ce qu'il a dit, de ce qu'il a fait, a été détruit par certaines personnes. Des écrits fort importants. A un moment donné, il a lui-même détruit, ou on a détruit sous ses ordres, des choses importantes. Ou alors, au deuxième degré, autour de lui, tout se meurt, tout se désole et tout tombe.

— Oui, davantage.

Yaguel Didier : Au fond, il était seul. Je le vois aussi très seul dans sa vie personnelle. De plus, il aimait sa solitude et s'isolait lui-même volontairement. Je le vois finir triste et malheureux. Ce n'est pas un homme heureux du tout. Il y a quelque chose de très triste dans sa mort, quelque chose de dur ! (*Freud est mort d'un cancer de la mâchoire qui le fit terriblement souffrir à la fin de sa vie.*) Je le vois marchant voûté sous le poids de quelque chose, sur une route qui avance. C'est une image. Mais seul sur sa route. Il a commencé très jeune, très très jeune.

Il a une personnalité très forte et difficile. Il y a une espèce de jeu de miroir, de renvoi. Il joue en permanence, c'est un personnage à facettes. J'ai du mal à l'attraper. Il se complaît dans cette multiplicité. Il est d'une simplicité absolue, sans détours, et en même temps très complexe. Il est arriviste sans l'être. Il est sophistiqué intellectuellement, alors qu'il ne l'est pas dans la vie courante.

Il est cela et son contraire en permanence. Il est l'ambivalence, l'ambiguïté. Mais ce sont ses écrits qui me paraissent les plus importants. A un moment donné, je le vois avec un truc sur la tête. Il dort avec un bonnet ?

— Nous l'ignorons.

Yaguel Didier : C'est quelqu'un capable de se lever la nuit, de se mettre à sa table de travail, et écrire, écrire. Je le vois en train de réfléchir. J'entends de la musique autour de lui. Il y a eu un personnage un peu théâtral à côté de lui, un artiste important *(allusion à la fameuse rencontre Dali-Freud ?)*, qui collait à son ombre. Avait-il le teint jaune ? Je lui vois le teint jaune, un peu cireux. C'est quelqu'un qui s'intéressait à l'âme des gens, au psychisme, au mental. Il était très branché sur ces choses, parce que je vois son cerveau, je vois sa tête... Il est très spécial ! Il peut être méchant. C'est une teigne même. Oui, c'était un teigneux, je le sens. Tout d'un coup, je vois cette partie-là de sa tête *(elle désigne le cerveau)* — cela peut être symbolique, ce peut être le psychisme, ce peut être le mental. C'est un homme pour qui les mots avaient de l'importance, chaque mot était important, un mot à côté de l'autre était important. (*Ô combien ! Freud a même écrit* le Mot d'esprit dans ses rapports avec l'inconscient.) C'est quelqu'un qui décortiquait les mots. Je vais parler par symboles — on dirait que toute cette partie-là de sa tête, c'était comme des gammes, comme des notes de musique, oui c'est cela, comme une partition musicale. Tout correspond à des notes. Je vais dire ce que je ressens, tant c'est fort : chaque mot est une note de musique et dans une note de musique il y a la croche, la double croche, etc. Chaque mot correspond à quelque chose de subtil. Je vois une boîte dans laquelle — c'est symbolique — sont enfermées des images, et au fond de lui-même c'est comme s'il mettait sur pied des théories, mettait des choses en boîte. Je commence à le sentir. Je ne dis pas qu'il l'était — mais a-t-il un rapport avec les nazis ? Quelque chose de redoutable pour lui est lié aux nazis ? (*Freud dut s'exiler à l'arrivée des nazis à Vienne en 1938.*)

— Oui.

Yaguel Didier : Je sens que je l'approche. Mais c'est compliqué ; tout est dans ces boîtes et il faut que je trouve les clés. C'est un drôle de monsieur, sympathique, génial, mais tordu. Il a été la bête noire des nazis ou les nazis sont sa bête noire ?

— Oui. (*Les nazis brûlèrent ses livres dans un grand autodafé public en 1933.*)

Yaguel Didier : Mais enfin, il est protégé, parce que c'est un grand esprit, qu'il faut garder. (*Roosevelt exigea des Allemands que Freud puisse quitter Vienne.*) Il sert de (c'est une image, je dis n'importe quoi) propagande. Il est juif, non ? Pour la propagande nazie, du fait qu'il est juif... Il savait qu'il s'était trompé. Je le vois, il est en gris — je suis sûre qu'il a porté un chapeau sur la tête —, frileux. Je le vois devant une foule de gens qui l'écoutent, je le vois (c'est peut-être symbolique) devant un tableau noir, écrivant des choses. Ce sont des notes. Il énonce des théories. Oui, c'est un homme qui a énoncé des théories. Tel le maître d'école qui dit : « C'est comme cela. » En fait, il a un côté professeur. Etait-ce un homme intéressé par les rêves ? (*Freud écrivit* l'Interprétation des rêves *en 1900.*) Je vois des rêves au-dessus de lui, je vois des choses qui partent du cerveau et qui sont comme des fumées, comme des rêves. Cet homme s'intéresse aux rêves, au psychisme, au mental. Il me prendrait pour une illuminée, non ? Peut-être pas. Peut-être dirait-il que je suis une consœur ? Rien n'est moins sûr ! Et c'est un homme qui avait un rapport étrange avec l'argent. D'abord il a manqué d'argent, mais surtout, le pauvre

homme... c'est curieux, je vois des petites pièces qui
tombent. Je vois sa bourse et je vois des pièces qui
tombent. Il a une femme à côté de lui, qui souffre
de son indifférence, de son ego. (*Sa femme, Martha
Bernays ?*) Parce que c'est un homme modeste mais
très orgueilleux. Je l'approche. Cet homme a travaillé
la nuit, il a travaillé par symboles et par interprétations, il a travaillé les rêves, il a travaillé par
association des mots qui sont comme des notes de
musique, et il est connu pour deux ou trois choses
importantes. C'est-à-dire qu'il a travaillé sur deux ou
trois plans différents, toujours convergents, deux ou
trois niveaux. Il y a un côté médical dans ce qu'il
fait, mais ce n'est pas un vrai médecin. Il avait un
drôle de rapport avec l'argent. Il était très spécial
avec l'argent. Il avait des élèves, ou il a fait des
émules. C'est Freud ?

— Oui.

Yaguel Didier: Il m'a fait souffrir ! Je suis contente.
Jamais je n'aurais pensé... Je peux vous dire qu'il a
brûlé une correspondance amoureuse. Il était peut-
être impuissant. Les visions se bousculaient tellement
que j'avais du mal à exprimer ce que je voyais ! Je
voyais par moments beaucoup de femmes, et puis
tout à coup beaucoup d'hommes. Je sens vraiment
qu'il a eu des problèmes intimes ! Dans tous les cas,
il m'a donné du fil à retordre !... Et je comprends
pourquoi maintenant !

Commentaire

La rencontre Yaguel Didier-Sigmund Freud ne pouvait qu'être explosive. Entre la voyance et la psychanalyse, la fascination est réciproque, le déni partagé... et les contacts secrets.

Yaguel Didier sent tout de suite qu'il s'agit là d'une voyance singulière, que son « sujet » joue avec elle au chat et à la souris, bref qu'elle a affaire à quelqu'un « de la partie », à la fois totalement complice et totalement pervers.

Portée par ce défi, inspirée comme jamais Yaguel Didier prononce les mots clés de la psychanalyse : « angoisse », « interpréter », « sexuel », « conscient », « mental », « symbolique », « rêves ». Pareille proximité l'amène à s'affranchir de tout complexe face à un « confrère » amusé de l'audace.

Et puis Yaguel, à son tour, ouvre la boîte de Pandore et « psychanalyse » Freud. Psychanalyse sauvage, s'il en est !

L'inventeur de la psychanalyse aurait été impuissant ! Et tout serait venu de là.

La psychanalyse, cette science de la libido, aurait été la revanche — perverse — de Freud sur son impuissance personnelle, voire... sa vraie femme, son épouse idéale, le substitut symbolique aux femmes qu'il ne pouvait aimer.

La balle, la réponse, est désormais dans le camp « d'en face », chez les historiens de la psychanalyse.

Marilyn Monroe, la star assassinée

Marilyn naquit le 1ᵉʳ juin 1926 au Los Angeles General Hospital, sous le nom de Norma Jeane Mortenson. Pendant sept ans, elle vécut dans une famille d'adoption, protestante. Puis sa mère légitime la reprit auprès d'elle jusqu'en 1934, où on l'admit à l'asile psychiatrique. Âgée de huit ans, Norma Jeane fut alors prise en charge par une troisième figure maternelle, Grace McKee. Cette troisième « mère » aima Norma Jeane jusqu'à l'adoration, lui prédisant qu'elle serait une star. Et elle mit tout en œuvre pour accomplir ce souhait. Jusqu'à ce qu'elle se marie et que le nouvel époux estime que Norma Jeane était une bouche de trop à nourrir. Celle-ci dut donc encore une fois changer de vie, déménager pour un orphelinat, le Los Angeles Orphans Home Society, à Hollywood, où elle fut inscrite comme le 3463ᵉ enfant confié à l'établissement depuis vingt-cinq ans. Elle devait n'en sortir qu'après son onzième anniversaire, le 26 juin 1937.

Elle connut de nombreuses autres tribulations jusqu'à ce qu'elle décide, à seize ans, de se marier

pour être libre. Ce qu'elle fit le 19 juin 1942 avec
Jim Dougherty, âgé de vingt et un ans. Elle posa pour
des photographes et apparut nue sur la couverture de
dizaines de magazines, pendant que son mari était à
l'armée. Ils divorcèrent fin 1946.

Ce début d'existence préfigure la suite : une succession d'aventures, de ruptures, de retrouvailles et de
fâcheries, qui allèrent de pair avec une carrière
éblouissante.

On soumet à Yaguel Didier une photographie de Marilyn Monroe sous pli scellé.

Yaguel Didier: Peut-on dire qu'il y a trois personnages principaux dans cette histoire ? (*Marilyn, John et Bob Kennedy.*)

Il y a aussi un grand voile noir, une mort. Je vois trois personnages qui ont de très beaux sourires, de belles dents. Je vois des blondeurs. Ou ces personnages sont blonds, ou bien ils sont dans le soleil, la lumière... Je vois des cheveux blonds et des yeux bleus. Et j'ai aussi l'impression d'une très grande sensualité. De sexualité aussi. Je vois des seins, une poitrine sublime, je dois dire, et surtout je sens quelque chose de très épidermique. J'ai une impression de beauté, voilà. Mais en même temps, sur ce personnage, je vois des pleurs, une tristesse folle. D'un côté, je vois quelqu'un de souriant, rayonnant et de l'autre côté, un puits de tristesse. Je ne dirais pas que cette personne a été abandonnée au berceau, mais elle a vécu une enfance déchirée. Elle a vécu un drame, qui l'a poursuivie toute sa vie. Comme si elle vivait en permanence un complexe d'abandon. On dirait que ce complexe l'a amenée là où elle est. Dans sa fatalité (*le père de Marilyn avait abandonné sa mère qui, devenue folle, est morte dans un asile*).

C'est une femme, non, dans l'enveloppe ? J'entends une voix féminine qui rit en cascade. Comme un roucoulement... Elle n'a peut-être pas un corps parfait, mais il respire une telle sensualité qu'il en devient parfait. En tout cas, elle a une belle poitrine, mais surtout un beau fessier. La peau de cette personne m'impressionne, son teint, transparent, ravissant... Et toujours cette tristesse, cette tristesse... On dirait que ce personnage, toute sa vie, a été trompé, dupé... (*Marilyn disait des Kennedy : « Ils m'ont traitée comme de la viande. »*)

Je passe du coq à l'âne. Je vois quelque chose qu'on tire par les pieds, on la tire par les pieds, elle est à moitié nue, comme si sa chemise de nuit se relevait jusqu'à sa tête... On tire un corps, on cache des choses... J'ai l'impression d'une scène incroyable (*Marilyn est morte sur le canapé du salon, puis on l'a traînée dans son lit*).

Et elle pleure, et elle pleure... C'est drôle, je vous ai parlé des deux blonds, mais je vois un homme brun, grisonnant, un peu typé, ou bronzé simplement, assez grand, mince, distingué, les cheveux en arrière, un visage émacié, qui lui aussi participe à cette histoire (*Peter Lawford, acteur, beau-frère des Kennedy, fut leur pourvoyeur en jolies filles*).

Il y a encore un autre personnage. C'est curieux, il y a plein d'hommes autour de cette affaire, dont l'un avec des lunettes, mais qui a l'air d'être juge, avocat ou médecin, plutôt un médecin, oui, mais un homme un peu louche. Comme s'il était là pour camoufler des choses ou pour organiser... Un homme à lunettes, un peu fort, rapide (*le Dr Greenson, son psychiatre*). C'est très bizarre, je vois le cœur s'arrêter d'un coup, tchac ! Et auparavant, j'entends des râles, comme si la personne avait été à demi consciente, comme quelqu'un d'un peu saoul, ou drogué, ou qui a pris trop de médicaments... C'est quelqu'un qui a avalé des choses, j'en suis sûre. Je vois un verre d'eau et quelqu'un qui l'avale... Mais ce n'est pas ce qui devait la tuer. On dirait qu'il y a une intervention extérieure... Je sens tellement de choses impliquées là-dedans, tellement d'intérêts, et il y a tellement de morts... Les trois quarts des gens qui ont participé à cela sont morts, je vois un amoncellement de cadavres.

Je vois des morts, des assassinats... Un mélange de mafia et de services secrets. Au fond, c'est quelqu'un qu'on fait taire. On dirait qu'on lui met un bâillon sur la bouche pour l'empêcher de parler ; c'est symbolique, sûrement (*D'après Jeannette Carmen, Marilyn préparait son autobiographie.*)

Je ne sais pourquoi, je vois un médecin dans le coup. Cinq personnes au moins sont dans le coup, ont organisé ou assisté... Je vois une mort violente, sinon deux... J'entends toujours ce rire en cascade, et une très jolie voix, je pense que cette femme aimait bien chanter, ou qu'elle chantait. Un peu ronde, quand même...

Quelque chose se passe très tôt le matin, des gens contournent une maison, s'approchent. Ils ont des clefs, mais essayent pourtant de rentrer par une fenêtre. Sur les lieux, il y a déjà trois personnes (*Lawford, le Dr Greenson et Bob Kennedy*).

Cette personne est morte d'avoir trop parlé. Il y a de la peur autour de tout cela, la peur du scandale, des intérêts terribles. Cette femme pleure toujours, pleure de rage, de désespoir, pleure parce qu'elle a été trahie, parce qu'elle se retrouve seule... C'est quand même une personne suicidaire, dépressive, pas très équilibrée. Elle est d'une grande fragilité, elle a un très joli sourire, elle est très marquée par sa mère... J'ai l'impression que c'est un crime, pas un accident.

Je vois quelqu'un qui lève les bras et salue la foule. Les deux blonds dont je vous ai parlé au début sont très ambigus, c'est l'ombre et la lumière. Je vois un soleil superbe sur eux, j'entends le mot fortune : ces gens symbolisent la réussite, la puissance et en même temps on sent une cruauté, une violence, de la haine... Moi, je vois un assassinat organisé, pas celui de cette femme, mais d'un des autres personnages, un homme. L'assassinat est organisé par une entité presque officielle. Pas le crime d'un fou furieux : un crime organisé... Ils sont tous les deux morts, et tous les deux assassinés. Ce sont les Kennedy ! Et c'est Marilyn ? Je peux voir la photo ?

Maintenant que je sais, je vais continuer ma voyance. L'image que j'ai : des gens contournent une petite maison (*Marilyn est morte dans sa maison de Brentwood, près de Los Angeles. C'était une maison de plain-pied avec des portes-fenêtres*).

On essaie de rentrer par une fenêtre, pas vraiment par une porte, c'est curieux. On essuie tout... Et je vois quelqu'un avec une sacoche qui pique cette femme. Si on ne lui avait pas fait une piqûre, elle serait toujours en vie (*le Dr Greenson a fait une piqûre dans la poitrine de Marilyn. A James Hall, l'ambulancier, il a dit qu'il s'agissait d'adrénaline. Elle est morte juste après*). L'homme qui lui fait la piqûre (*le Dr Greenson, son psychiatre*) a des lunettes, des cheveux frisottés, ondulés en arrière. Un peu mou de visage, il a des lunettes cerclées, métallisées, mais il est commandité, c'est affreux à dire : j'ai l'impression qu'il est commandité par une famille puissante (*les Kennedy ?*). Elle, je la vois, je la sens, souriante, radieuse. C'est comme si, de là-haut, elle me disait : « Yes, yes, ça c'est passé comme ça. » Si elle avait parlé, elle brisait la carrière des Kennedy. Et je me demande si elle n'avait pas commencé à rédiger des choses, à faire des révélations (*en 1966, le procureur Frank Hogan a fait saisir les enregistrements de Marilyn dans le coffre-fort d'un avocat*).

On a tout nettoyé. Cela devient propre comme un laboratoire. Mais l'un en est mort de remords ou de chagrin (*Peter Lawford*). J'ai l'impression que dans l'avenir une femme parlera, elle a été au courant. Elle parlera (*Pat Newcomb, l'attachée de presse de Marilyn, témoin de son agonie, n'a encore jamais parlé. Après le drame, les Kennedy lui offrirent de longues vacances*).

Commentaire

Singulièrement, partant d'un document photographique de Marilyn dans tout son éclat, Yaguel Didier ressent une émotion pénible et, dès ses premières paroles, évoque la fin tragique de la star. La star, dit-elle, bel et bien assassinée.

Cette créature exquise, la plus désirable du monde, eut une fin affreuse. Ce symbole de l'éternel féminin estimait avoir été rejetée toute sa vie, et n'être en fait considérée que comme un objet sexuel. Profondément sensible et sentimentale, elle rechercha en chacun des hommes qu'elle aima le remplaçant du père qu'elle avait perdu. Cette confusion devait engendrer avec eux des rapports désastreux. Ses troubles, peu à peu, furent considérés par son entourage non comme une dépression passagère, mais bien comme une maladie mentale, voire suicidaire. Les médicaments qu'elle ingurgitait à longueur de journée, alternant stimulants et calmants, l'amenèrent à un état de pharmaco-dépendance dont il lui aurait été difficile de se déprendre.

Mais ce traitement fâcheux n'altérait en rien le charme et la beauté qui troublaient ses admirateurs. Pour son malheur, elle s'attacha après bien d'autres à deux êtres puissants, John Kennedy d'abord, puis son frère Robert. Après une aventure qu'il entendait garder secrète, le premier la largua de façon cavalière.

Bobby Kennedy s'empressa de ramasser la torche de Cupidon que John avait laissé tomber. Le feu qu'il alluma dans le cœur de Marilyn devait la consumer.

Mais cette dernière aventure allait connaître un dénouement tragique. Sentant qu'elle allait être une nouvelle fois délaissée, Marilyn fut atterrée. A une anorexie prononcée s'ajoutèrent en 1962 de graves problèmes d'insomnie qu'elle soigna à grand renfort de médicaments. Cette overdose de drogues eut un effet dévastateur sur son physique. Animée de ressentiment envers l'amant qui s'éloignait d'elle jour après jour, elle en vint à le menacer de révéler leur aventure et le récit d'orgies à la Maison-Blanche. Le ministre de la Justice qu'était Robert Kennedy s'alarma et s'en remit aux agents chargés de sa protection du soin d'éviter un scandale qui menaçait le clan des Kennedy.

Comme Marilyn se gavait de cachets de Seconal, de Nembutal joints à de l'hydrate de chloral, rien n'était plus aisé que de faire croire à une concentration létale.

On la retrouva morte, chez elle, le samedi 4 août 1962. Le décès fut attribué à l'absorption « accidentelle » de 70 comprimés en moins de dix minutes. La version officielle faisait d'elle une grande dépressive qui aurait mis fin à ses jours. Mais peu à peu la rumeur d'un assassinat commandité par les Kennedy s'enfla au point d'être aujourd'hui accréditée.

Il n'en demeure pas moins que la controverse autour de sa mort a contribué à sa légende. Sa disparition reste la plus grande énigme de l'histoire de Hollywood. Yaguel Didier, ici, la lève.

John Kennedy

22 novembre 1963. Le président Kennedy vient à Dallas, Texas, en vue de la campagne présidentielle de 1964. Des tracts ont été distribués dans la ville qui reproduisent le visage de Kennedy de face et de profil avec cette légende : « Recherché pour trahison. Cet homme s'est rendu coupable de crime envers les Etats-Unis. » L'égalité des races prônée par Kennedy révoltait l'extrême droite américaine. Devant les menaces, Kennedy, le matin même du drame, confia à Kenneth O'Donnell, son assistant spécial pour la protection rapprochée : « Si quelqu'un veut réellement tuer un président, ce n'est pas difficile, on n'a qu'à poster un homme sur un bâtiment élevé, armé d'un fusil télescopique, et personne ne pourra rien pour protéger sa vie. »

Venant de l'aéroport, le cortège s'avance en ville. Précédée de motards et d'une voiture pilote, la Lincoln présidentielle est suivie d'une Cadillac transportant huit agents secrets. Le temps est radieux, Kennedy a demandé que sa voiture soit décapotée.

A 12h30, un cinéaste amateur déclenche sa caméra. A peine a-t-il commencé que retentit une détonation suivie d'une seconde. Jacky Kennedy, à la vue du sang jaillissant du crâne de son mari, se dresse en criant : « Oh non, oh non ! Mon Dieu ! Il ont tué mon mari ! Je t'aime, Jack ! »

Le chauffeur lance de son côté : « Quittons cet enfer ! », et s'élance vers l'hôpital. La tragédie a duré seize secondes.

*On soumet à Yaguel Didier une photographie du
président assassiné sous enveloppe scellée.*

Yaguel Didier: Je vois d'abord un grand deuil, je
vois la mort et une foule sous la pluie (*l'enterrement
de Kennedy au cimetière national d'Arlington*). Je
vois du soleil, je vois de la pluie, et je me demande
si cette pluie n'est pas symbole de tristesse, d'événements graves s'abattant brutalement sur une ville ou
un pays. Des gens jeunes pleurent. Des vieux pleurent.
Quelqu'un de jeune pleure, ou quelques personnes
jeunes autour de ce quelqu'un. Autour d'elles, peut-
on dire qu'il y a un grand drapeau ? Il y a comme
un drapeau étoilé. Peut-on dire cela ?
— Oui.
Yaguel Didier: Je ne sais pas encore si c'est un
symbole, mais je vois un drapeau étoilé. Je vois des
fleurs, je vois une masse de gens et je vois en
même temps quelqu'un s'enfuir (*Lee Harvey Oswald,
l'assassin présumé de Kennedy*). Peut-on dire que
quelqu'un s'enfuit ? D'un côté je vois des choses

cachées autour de ce personnage — je ne sais pas encore si c'est un homme ou une femme. C'est comme si on voulait la tête ou la peau de ce personnage. C'est un personnage à double face. Toute une partie de ce qu'il a fait a été occultée. Derrière lui, un groupe clandestin agit contre lui. Je ne sais pas encore très bien, mais quelque chose d'occulte s'étend derrière tout cela. Et en même temps, il a quelque chose de très lumineux. Est-ce quelqu'un qui a un très beau sourire ? Peut-être est-il mort, je ne sais pas encore. Je le pense d'ailleurs, parce que je vois la mort sur lui. Je vois donc un très beau sourire, très lumineux, mais derrière ce très beau sourire il y a des dents de carnassier. Un très, très beau sourire. C'est étrange ce que je vais dire, mais je vois cet homme là-haut, tenant la main d'un autre homme, dans le ciel...

Il tient la main d'un autre homme et on dirait que cet homme et lui ont des destins parallèles ou similaires (*Bob Kennedy*). En tout cas, ce sont des hommes qui se sont trouvés face à leur destin, face à une tragédie. Il y a tout un côté flamboyant, mais derrière ce côté flamboyant se joue une tragédie. C'est quand même une tragédie, non ? Je vois une femme qui pleure, je vois plusieurs femmes qui pleurent. Je vois une femme en noir, des femmes en noir. Je vois des gens qui crient. Je vois une image étrange : je vois comme une espèce de grand drapeau, je vois une tribune, une assemblée d'hommes, des personnages importants et des personnages plus occultes. Derrière ce personnage, un mouvement, des gens, veulent sa mort. Peut-on dire cela ?

— Oui.

Yaguel Didier : C'est étrange ce que je vais dire, j'emploierais le mot de mafia. J'entends « mafia ». En fait, c'est une sorte de franc-maçonnerie. Il y a un homme aux joues rondes. Dans l'histoire, au moins trois personnes organisent quelque chose. Mais il y a une telle ramification de gens, cela passe par des strates tellement subtiles ! Derrière ce personnage, un clan organisé que j'appellerais « mafia » organise sa mort.

Je vais vous donner des mois qui ont compté dans la vie de ce personnage. Il y a les mois de février/mars. Il y a des choses en début d'année, puis au mois de novembre (*assassinat de Kennedy*), et puis de mai aussi. Je vois un personnage au bras levé. Toujours ce visage avec ce beau sourire, ces dents, qui se transforme tout d'un coup en un animal féroce, un animal de la jungle avec des dents qui déchirent — comme un lion ou un tigre. Sur ce personnage ou sur l'entourage, pèse une malédiction... Ce sont des gens, je dirais, faussement sympathiques, voilà.

Il donne toujours la main à un autre homme, et ils sont tous les deux — enfin ils sont au moins deux, mais en tout cas il y en a deux principaux. Je ne dis pas qu'il y ait un lien commun dans leur mort. Ce n'est pas le même personnage qui en est le responsable... Quelqu'un a-t-il reçu un coup dans le dos ?

— Oui.

Yaguel Didier: Je vois un coup de feu. C'est un coup de feu ?

— Oui.

Yaguel Didier: Un coup de feu dans le dos. Je vois quelqu'un tomber, je vois du sang. Je vois quelqu'un qui respire mal. Je ne pense pas que cette personne soit morte sur le coup; je vois une respiration difficile et je vois quelqu'un s'enfuir. Et je vois un personnage typé, pas très grand, mince, brun, un peu oriental. Oui, c'est un coup de feu. C'est vraiment quelqu'un qui dérangeait beaucoup de monde. C'est un crime organisé, commandité, et je vois trois personnes ou trois entités, trois groupes de gens, qui se concertent et décident. Les dates de février/mars, du début d'année sont les bonnes ?

— Impossible, ici, de vous répondre avec certitude.

Yaguel Didier : On verra. Je vois aussi le mois de mai. Il ne fait pas froid. Ce personnage a-t-il failli mourir deux fois ?

— Absolument (*Kennedy fut blessé durant la guerre du Pacifique*).

Yaguel Didier : Parce que je vois deux dangers de mort sur lui. En même temps, il est dans la vie flamboyant, très séduisant. Je peux dire que c'est en très haut lieu que son assassinat fut organisé. Ce n'est pas le fait de petits mafiosos. Je dirais qu'une personne ayant pignon sur rue contacte d'autres personnes pour organiser le crime.

— Mais dans quel intérêt ?

Yaguel Didier : Ce quelqu'un, à un moment donné, n'a voulu en faire qu'à sa tête. Il avait certains projets et n'a pas écouté. C'est comme si derrière lui il y avait un pouvoir, un pouvoir central qui voulait qu'il fasse certaines choses. Il n'a pas voulu les faire, et comme il n'écoutait pas... voilà ! Ce n'est pas parce qu'il désobéissait, ce n'est pas aussi simple que cela, bien sûr, mais tout d'un coup il devenait gênant. La politique de ce personnage devenait gênante. Il gênait certaines personnes. Est-ce qu'il a pu mentir ? On dirait qu'il n'a pas tenu certaines promesses, qu'il n'a pas fait ce qu'il devait faire. Mais là, j'ai l'impression que nous l'ignorons, que nous n'en savions rien, que c'est bien plus en arrière-fond.

C'est ainsi que je sens la chose. C'est très confus, car cela se passe dans des sphères tellement subtiles. Il a reçu un coup dans le dos ? Je vois cela dans le dos, je vois quelqu'un qui tombe. Je vois le dos abîmé, je vois son dos très abîmé !

Ce personnage avait tendance à avoir de la fièvre, était fiévreux ou très fébrile. Prenait-il beaucoup de médicaments ?

— Oui (*des analgésiques, son dos blessé le faisant terriblement souffrir*).

Yaguel Didier : Pour moi, c'est un attentat organisé, et pas par n'importe qui. Il y a eu deux morts après cela, et l'un des deux est un peu idiot, un peu simplet (*Jack Ruby tue Oswald, et mourra d'un cancer en prison*). Notre personnage savait que c'était dangereux et l'a quand même fait. Ça y est, je sais, c'est Kennedy.

— Oui.

Yaguel Didier : Je peux regarder ?

— Est-ce une ou plusieurs personnes qui l'ont tué ?

Yaguel Didier : Plusieurs. Voilà ce que je vois. Ce que j'appelais au début une forme de mafia : j'allais presque dire (mais je n'étais pas sûre) CIA ou quelque chose comme cela. Une entité, un groupe décident — parce qu'à mon avis, il a trahi à un moment donné. Comme si, ayant un programme, il n'en faisait qu'à sa tête et n'écoutait plus. Tout d'un coup, ils décident.

— Il n'a pas rempli le contrat ?

Yaguel Didier : Il n'a pas rempli le contrat. Je vois donc une entité qui décide de le tuer. Pourtant, je suis convaincue (enfin, c'est ce que j'entends) que des gens lui disent combien c'est dangereux pour lui (*ainsi, Kenneth O'Donnell, assistant spécial pour la sécurité du président, le matin même du drame*). On le lui avait dit, n'est-ce pas ?

— On le lui avait dit.

Yaguel Didier: Ah oui, on le lui avait dit. Parce que j'entends qu'on le lui dit mais il n'y croit pas. En plus, quelqu'un, son frère était là.

— Il le tient, disiez-vous, par la main là-haut. Quand vous parliez des deux morts, c'est lui.

Yaguel Didier: Il ne croit pas aux mises en garde, dans une attitude de défi et d'orgueil. Toujours je vois ce beau sourire qui se transforme en un sourire carnassier. On a déjà essayé de le tuer mais cela a raté. Un lieu avait été choisi mais finalement, au dernier moment, on ne l'a pas fait. Et puis cela s'est décidé enfin. Je ne suis pas sûre que l'assassin soit seul. Je me demande s'il n'y avait pas quelqu'un d'autre. Oswald était naïf ?

— Oui.

Yaguel Didier: Un peu idiot, n'est-ce pas ? Non, ce n'est pas lui qui l'a tué. Je vois quelqu'un d'autre. Quelqu'un dont c'est le métier. Je vois vraiment un tueur le faire. J'ai l'impression que les choses viennent de deux endroits différents.

— Oui, on a soutenu cette hypothèse.

Yaguel Didier: Je vois deux endroits d'où viennent les coups de feu. Une balle, à un moment donné, ricoche ?

— Oui.

Yaguel Didier: Je vois quelque chose ricocher. Ceux qui l'ont tué courent toujours. Je vois quelqu'un... je les vois faisant cela calmement, méticuleusement, si je puis dire.

— Des professionnels ?

Yaguel Didier: Oui, de vrais pros. Ce sont des pros qui ont fait cela. Je vois quelqu'un de banal — je ne peux pas le décrire, il est d'une banalité à pleurer. Ils sont deux, je vois deux personnes. A un moment donné, l'une surveille. Cinq personnes au moins organisent la chose sur le terrain. Kennedy n'a pas été la cible d'un tireur isolé, mais d'une vraie organisation. Ce fut fait avec un fusil à lunettes ? Il y a eu plusieurs coups de feu, non ?

— Oui.

Yaguel Didier: Une balle ricoche. J'en vois plusieurs, au moins trois. Je dirais entre trois et cinq. Je vois une fenêtre, un immeuble assez haut. Il y a là une personne et une autre, mais à deux endroits différents, aux angles de ce bâtiment. Etait-ce près d'un bâtiment désaffecté ?

— En effet.

Yaguel Didier: Je les vois là. Des coups de feu partent de là.

— Oswald faisait-il partie du complot ?

Yaguel Didier: Vous n'avez pas de photo d'Oswald ?

— Non.

Yaguel Didier: Il aurait fallu m'apporter des documents.

— Pouvez-vous voir les assassins ?

Yaguel Didier: Je vais essayer. Peut-être est-ce mon imagination, mais je les vois en compagnie de Marilyn Monroe. Je plaisante. Kennedy se savait menacé. Il y a eu deux ou trois autres tentatives d'assassinat contre lui. On n'a pas pu le coincer, et au dernier moment ceux qui voulaient l'assassiner ont renoncé...

— C'est dans le film d'Oliver Stone.

Yaguel Didier: Je n'ai ni vu le film ni lu le livre.

Commentaire

La concordance des vues de Yaguel Didier avec la froide vérité est troublante.

La commission Warren qui enquêta sur le meurtre de Kennedy conclut à l'assassinat par un homme seul. Ces conclusions furent vivement contestées. Une nouvelle enquête fut lancée, des livres fleurirent, qui tous soulevaient l'hypothèse du complot, que retient ici Yaguel Didier. Mafia ? CIA ? La thèse est évidemment tentante et peut être considérée comme crédible, tant que des documents n'auront pas établi de façon indiscutable que Lee Oswald a agi seul.

Table

Cet ouvrage a été imprimé
par la S.E.P.C. à Saint-Amand-Montrond (Cher)
pour le compte de France Loisirs, Paris

N° d'édition : 24161. N° d'impression : 1578.
Dépôt légal : septembre 1994
Imprimé en France